6급II

쉽게 따는

행복漢한

급수한자

새희망

한자능력검정시험안내

❖ 한자능력검정시험이란 ?

· 한자능력검정시험은 한자 활용 능력을 측정하는 시험으로 공인급수
   시험(특급, 특급Ⅱ, 1급, 2급, 3급, 3급Ⅱ)과 교육급수 시험(4급, 4급Ⅱ, 5급, 5급Ⅱ 6
   급, 6급Ⅱ, 7급, 7급Ⅱ, 8급)으로 나뉘어져 실시합니다.
· 한자능력검정시험은 1992년 처음 시행되어 2001년부터 국가공인자격시험(1급~4급)으로 인정받았고 2005년
   29회 시험부터 3급Ⅱ 이상은 국가공인시험으로 치러지고 있습니다.
· 자세한 내용은 시행처인 한국 한자능력검정회 홈페이지 www.hanja.re.kr에서, 시험점수와 합격안내
   는 www.hangum.re.kr을 참조하세요!

❖ 어떤 문제가 나올까요?

각 급수별로 문제 유형은 아래 표와 같습니다.

구분	특급	특급Ⅱ	1급	2급	3급	3급Ⅱ	4급	4급Ⅱ	5급	5급Ⅱ	6급	6급Ⅱ	7급	7급Ⅱ	8급
독음	45	45	50	45	45	45	32	35	35	35	33	32	32	22	24
훈음	27	27	32	27	27	27	22	22	23	23	22	29	30	30	24
장단음	10	10	10	5	5	5	3	0	0	0	0	0	0	0	0
반의어(상대어)	10	10	10	10	10	10	3	3	3	3	3	2	2	2	0
완성형(성어)	10	10	15	10	10	10	5	5	4	4	3	2	2	2	0
부수	10	10	10	5	5	5	3	3	0	0	0	0	0	0	0
동의어(유의어)	10	10	10	5	5	5	3	3	3	3	2	0	0	0	0
동음 이의어	10	10	10	5	5	5	3	3	3	3	2	0	0	0	0
뜻풀이	5	5	10	5	5	5	3	3	3	3	2	2	2	2	0
약자	3	3	3	3	3	3	3	3	3	0	0	0	0	0	0
한자 쓰기	40	40	40	30	30	30	20	20	20	20	20	10	0	0	0
필순	0	0	0	0	0	0	0	0	3	3	3	3	2	2	2
한문	20	20	0	0	0	0	0	0	0	0	0	0	0	0	0

· 독음 : 한자의 소리를 묻는 문제입니다.
· 훈음 : 한자의 뜻과 소리를 동시에 묻는 문제입니다. 특히 대표훈음을 익히시기 바랍니다.
· 반의어.상대어 : 어떤 글자(단어)와 반대 또는 상대되는 글자(단어)를 알고 있는가를 묻는 문제입니다.
· 완성형 : 고사성어나 단어의 빈칸을 채우도록 하여 단어와 성어의 이해력 및 조어력을 묻는 문제입니다.
· 동의어.유의어 : 어떤 글자(단어)와 뜻이 같거나 유사한 글자(단어)를 알고 있는가를 묻는 문제입니다.
   · 동음이의어 : 소리는 같고, 뜻은 다른 단어를 알고 있는가를 묻는 문제입니다.
   · 뜻풀이 : 고사성어나 단어의 뜻을 제대로 알고 있는가를 묻는 문제입니다.
   · 한자쓰기 : 제시된 뜻, 소리, 단어 등에 해당하는 한자를 쓸 수 있는가를 확인하는 문제입니다.
   · 필순 : 한 획 한 획의 쓰는 순서를 알고 있는가를 묻는 문제입니다. 글자를 바르게 쓰기 위해 필요합니다.

· 6급 Ⅱ 출제 유형 : 독음32 훈음29 반의어2 완성형2 뜻풀이2 한자쓰기10 필순3

※ 출제 기준은 기본지침으로서 출제자의 의도에 따라 차이가 있을 수 있습니다.

합격 기준표

구분	특급·특급II	1급	2급·3급·3급II	4급·4급·5급·5급II	6급	6급II	7급	7급II	8급
출제 문항수	200		150	100	90	80	70	60	50
합격 문항수	160		105	70	63	56	49	42	35
시험시간	100분	90분	60분	50분					

⁛ 급수는 어떻게 나뉘나요?

8급부터 시작하고 초등학생은 4급을 목표로, 중고등학생은 3급을 목표로 두면 적당합니다.

급수	읽기	쓰기	수준 및 특성 배정한자
특급	5,978	3,500	국한혼용 고전을 불편 없이 읽고, 연구할 수 있는 수준 고급
특급II	4,918	2,355	국한혼용 고전을 불편 없이 읽고, 연구할 수 있는 수준 중급
1급	3,500	2,005	국한혼용 고전을 불편 없이 읽고, 연구할 수 있는 수준 초급
2급	2,355	1,817	상용한자를 활용하는 것은 물론 인명지명용 기초한자 활용 단계
3급	1,817	1,000	고급 상용한자 활용의 중급 단계
3급II	1,500	750	고급 상용한자 활용의 초급 단계
4급	1,000	500	중급 상용한자 활용의 고급 단계
4급II	750	400	중급 상용한자 활용의 중급 단계
5급	500	300	중급 상용한자 활용의 초급 단계
5급II	400	225	중급 상용한자 활용의 초급 단계
6급	300	150	기초 상용한자 활용의 고급 단계
6급II	225	50	기초 상용한자 활용의 중급 단계
7급	150	-	기초 상용한자 활용의 초급 단계
7급II	100	-	기초 상용한자 활용의 초급 단계
8급	50	-	한자 학습 동기 부여를 위한 급수

✱ 상위급수의 배정한자는 하위급수의 한자를 포함하고 있습니다.

⁛ 급수를 따면 어떤 점이 좋을까요?

· 우리말은 한자어가 70%를 차지하므로 한자를 이해하면 개념에
  대한 이해가 훨씬 빨라져 학업 능률이 향상됩니다.
· 2005학년부터 수능 선택 과목으로 한문 과목이 채택되었습니다.
· 수많은 대학에서 대학수시모집, 특기자전형지원, 대입면접시 가
  산점을 부여하고 학점이나 졸업인증에도 반영하고 있습니다.
· 언론사, 일반 기업체 인사고과에도 한자 능력을 중시합니다.

다양한 학습 방법으로 기초를 튼튼히!!!

❖ 기본 학습

변화 과정
한자가 그림에서 변화된 과정을 글과 그림으로 쉽게 표현

훈(뜻)과 음(소리)
한자 익히기의 기본인
훈(뜻)과 음(소리)을 알기

뜻 그림
한자의 뜻을 알기 쉽게
그림으로 표현

쓰기 연습란
충분한 반복 쓰기
연습

단어
해당 한자가 들어
있는 단어

한자 유래
재미있는 그림과 함께
한자 유래 알기

필순
한자를 바르고 쉽게
따라 쓰기

tip
한자 상식이나 기억
포인트를 통해 숨겨진
한자의 재미 발견

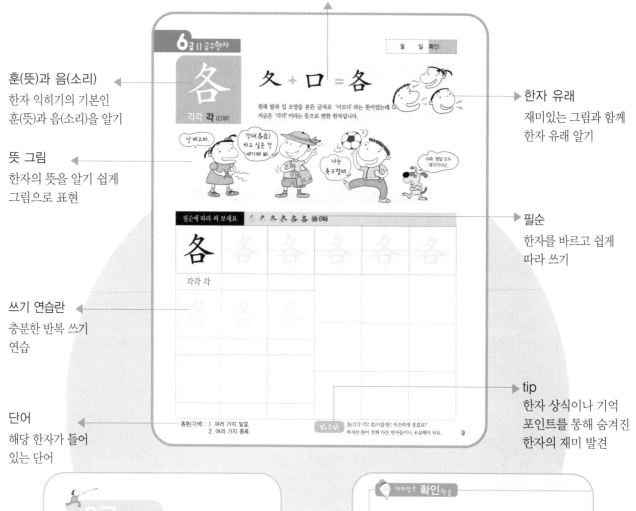

❖ 한자 소개
앞으로 배울 한자를 10자씩 유래 그림과 함께
소개합니다.

❖ 재미있는 확인 학습
앞서 배운 한자의 독음 쓰기와 선택형 문제
풀기 등 두 가지 유형의 문제를 풀어 봅니다.

이 정도 실력이면 급수따기 OK!

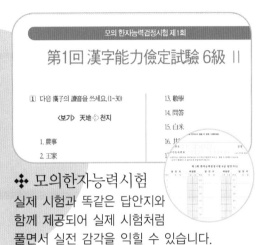

기출 및 예상 문제 角各界計高公功共科果

1. 다음 漢字語(한자어)의 讀音(독음)을 쓰세요.

1) 國語 (   )   11) 直角 (   )
2) 邑內 (   )   12) 各界 (   )
3) 千年 (   )   13) 世界 (   )
4) 食事 (   )   14) 計算 (   )
5) 秋夕 (   )   15) 苦生 (   )
6) 內外 (   )   16) 公平 (   )

모의 한자능력검정시험 제1회

第1回 漢字能力儉定試驗 6級 II

① 다음 漢字의 讀音을 쓰세요.(1~30)

〈보기〉 天地 ⇨ 천지

1. 農事
2. 王家

13. 數學
14. 問答
15. 白米
16. 共

❖ **기출 및 예상 · 실전대비 문제**
실제 한자능력시험에 나왔던 문제와 예상문제
를 단원이 끝날 때마다 제시하였으며, 단원별
기본 학습이 끝난 후에는 실전대비 총정리 문
제로 다시 한번 학습합니다.

❖ **모의한자능력시험**
실제 시험과 똑같은 답안지와
함께 제공되어 실제 시험처럼
풀면서 실전 감각을 익힐 수 있습니다.

재미있게 놀며 다시 한번 복습을…

7 한자 복습   월 일 확인

필순에 따라 한자를 써 보세요.

工
장인 공
工 - 총 3획   一 丁 工
·工具(공구)   ·동음이의어 : 空(빌 공), 公(공평할 공), 共(한가지 공), 功(공 공)

場
마당 장
土 - 총 12획   - + 土 圵 圹 坦 坦 坦 塌 場 場 場

만화로 읽는 사자성어   一言半句 (일언반구)
한 마디의 말과 한 구(句)의 반이라는 뜻으로 아주 짧은 말을 뜻합니다.

❖ **상대어, 8급, 7급 복습 6급 II 확인**
· 반대어 또는 상대어 글자를 소개합니다.
· 8급, 7급에서 공부했던 한자를 다시 한번
  읽고, 써 보면서 복습을 합니다.
· 6급 II 급수한자를 확인합니다.

❖ **만화 사자성어**
사자성어를 만화로 쉽게 이해할 수 있게 구성
하였습니다. 배운 사자성어를 생활 속에서 적
절히 사용해 보세요.

찾아보기 (6급 II 75자)

角
뽈 각

各
각각 각

界
경계 계

計
계산할 계

高
높을 고

公
공변될 공

功
공/일 공

共
함께 공

科
과목 과

果
과실 과

월   일   확인:

角
뿔 각 (角부)

동물의 뿔 모양을 본뜬 한자입니다.

너 자꾸 벽에 낙서 할래?

오늘 배운 삼각형(三角形)

분위기가 심상치 않군.

필순에 따라 써 보세요   ⺈ ⺈ ⺈ 角 角 角 角 (총7획)

角

뿔 각

· 角度(각도) : 1. 각의 크기.
　　　　　　 2. 사물을 보거나 생각하는 방향.

동음이의어 角(뿔 각)과 各(각각 각)은 음은 같지만 뜻이 다른 동음이의어예요.

6급 II 급수한자

各

각각 각 (口부)

夂 + 口 = 各

원래 발과 입 모양을 본뜬 글자로 '이르다' 라는 뜻이었는데
지금은 '각각' 이라는 뜻으로 변한 한자입니다.

난 배고파.

각자(各自)
하고 싶은 것
얘기해 봐.

나는
축구할래.

아휴, 정말 모두
제각각이군.

필순에 따라 써 보세요   ⺈ 夂 冬 冬 各 各 (총 6획)

各

각각 각

· 各色(각색) : 1. 여러 가지 빛깔.
　　　　　　　 2. 여러 가지 종류.

앗, 조심! 各(각각 각)! 名(이름명)! 비슷하게 생겼죠?
하지만 뜻이 전혀 다른 한자들이니 조심해야 되요.

9

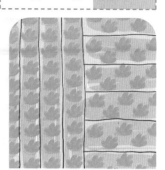

월 일 확인:

界

경계 계 (田부)

田 + 介 = 界

뜻을 결정한 밭 전(田)과 발음을 결정한 낄 개(介)가
합쳐진 한자입니다.

세계(世界)는 넓고 먹을 것은 많다!

이상하다. '세계는 넓고 할 일은 많다.' 아닌가?

필순에 따라 써 보세요	界界界界界界界界界 (총 9획)

界	界	界	界	界
경계 계				

· 世界(세계) : 지구 위의 모든 지역, 온 세상.

計
계산할 **계** (言부)

言 + 十 = 計

말씀 언(言)과 열 십(十)이 합쳐진 한자로 입으로 숫자를
센다는 뜻에서 유래되었습니다.

조금만 기다려.
신발 신고
내가 계산(計算)할게.
이상하네. 신발 끈이
왜 풀려 있지?

오늘도
또 풀렸네.
천천히 신고
나오라고.

필순에 따라 써 보세요	計 計 計 計 計 計 計 計 計 (총 9획)

計

계산할 계

· 計算(계산) : 1.수량을 셈.
　　　　　　2.식을 연산하여 수치를 구하여 내는 일.

동음이의어 界(경계 계), 計(계산할 계)

월   일 확인:

高

높을 **고** (高부)

높은 건물의 모습을 본뜬 한자입니다.

잡상인 아닌데···
높은 빌딩들은 문턱도 높구나.

잡상인은 출입금지예요.

와, 고층(高層)
빌딩이네!

필순에 따라 써 보세요	高高高高高高 高 高 高 高 (총 10획)				
高 높을 고	高	高	高	高	高
			高	高	高

· 高速(고속) : 빠른 속도.

상대·반의어   高(높을 고) ↔ 低(낮을 저)

월   일 확인:

公

공변될 공 (八부)

$$八 + ム = 公$$

양쪽으로 나뉘어진 볼의 모습을 본뜬 한자입니다.

형이 공평(公平)하게 나눠 줄게. 형 하나, 너 하나. 형 둘, 너 둘. 어때, 공평하지?

공평해서 좋긴 한데 내가 하나 더 먹으면 안 될까?

필순에 따라 써 보세요	公 八 公 公 (총 4획)		
公			
공변될 공			

· 公正(공정) : 공평하고 올바름.

기억나요? 7급 급수한자에서 배운 工(장인 공), 空(빌 공)과 동음이 의어예요.

월   일   확인:

功
공/일 공 (力부)

工 + 力 = 功

발음을 결정한 장인 공(工)과 힘써 일한다는 뜻의 힘 력(力)이 합쳐진 한자입니다.

와, 드디어 성공(成功)! 역시 내 한자 실력은 알아 줘야 한다니까.

휴지통으로 들어간 저 많은 종이는 다 어떡하고?

필순에 따라 써 보세요   功 功 功 功 功 (총 5획)

功

공 공, 일 공

· 成功(성공) : 1.뜻을 이룸. 2.부(富)나 사회적 지위를 얻음.

동음이의어   公(공변될 공), 共(함께 공)

共

함께 공 (八부)

원래 '손으로 물건을 받들다' 는 뜻에서 '함께' 라는 뜻으로 변한 한자입니다.

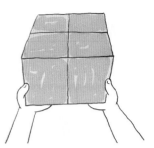

공동(共同) 생활을 할 때는 서로 지켜야 할 예의가 있는 거야.

그럼, 그럼.
맛있는 것도 나눠 주고,
숙제도 해 주고.
서로 돕고 살아야지.
킥킥킥.

필순에 따라 써 보세요	共 大 共 共 共 共 (총 6획)				
共					
함께 공					

· 共用(공용) : 공동으로 함께 씀.

15

월   일 확인:

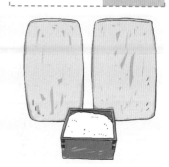

科

과목 과 (禾부)

禾 + 斗 = 科

말(斗)로 벼(禾)를 재어 등급을 나눈다는 뜻에서 유래되었습니다.

난 국어 과목(科目)을 좋아해.

난 수학!

난 미술!

난 과목(果木) 중에 사과 나무가 제일 좋아.

아휴, 또 동문서답!

필순에 따라 써 보세요 科 ニ 千 禾 禾 科 科 科 科 (총 9획)

科					
과목 과					

· 科目(과목) : 학문의 구분, 또는 교과를 구성하는 단위.

동음이의어 科(과목 과), 果(과실 과)

6급 II급수한자

果
과실 과 (木부)

田 + 木 = 果

나무와 과일의 모습을 본뜬 한자입니다.

내일 우리 삼촌 과수원으로 놀러 가자.

신난다. 과(果)일 나무가 많으니까 과일은 실컷 먹을 수 있겠네.

필순에 따라 써 보세요 果 果 果 果 果 果 果 果 (총 8획)

果				
과실 과				

· 果樹園(과수원) : 과실나무를 재배하는 농원.

재밌는 한자 果(과실 과) 위에 艹(초두)를 붙이면 菓(과자 과)가 되요.

17

1. 各自(   )맡은 바 책임에 충실해야 한다.

2. 다음 삼각형의 세 角(   )의 합을 구하세요.

3. 바로 이곳이 서울과 경기도의 경界(   )이다.

4. 어떻게 그렇게 빨리 計算(   )할 수 있지?

5. 高(   )속 철도가 생겨 생활이 편리해졌다.

6. 운동 시합에서는 심판의 公正(   )함이 최우선이다.

7. 이 일의 功(   )은 선생님께 돌려야 한다.

8. 共同(   )생활에는 어려움이 많다.

9. 내가 제일 싫어하는 科(   )목은 수학이다.

10. 기대 이상의 성果(   )를 냈다.

11. '角'은 무엇을 보고 만든 한자인가?

　　① 나무　　　② 돌　　　　③ 뿔　　　　④ 손

12. '各'의 음(소리)은?

　　① 감　　　　② 각　　　　③ 갈　　　　④ 강

13. '밭 전(田)'이 숨어 있는 한자는?

　　① 高　　　　② 計　　　　③ 角　　　　④ 界

14. '낮다'의 반대되는 뜻의 한자는?

　　① 高　　　　② 公　　　　③ 角　　　　④ 計

15. '계산하다'라는 뜻의 한자는?

　　① 高　　　　② 計　　　　③ 角　　　　④ 界

16. '공정하다'는 뜻을 가진 한자는?

　　① 高　　　　② 公　　　　③ 功　　　　④ 共

17. '나무 위에 열린 과일의 모습'을 본뜬 한자는?

　　① 公　　　　② 科　　　　③ 果　　　　④ 工

18. '功'의 뜻은?

　　① 일　　　　② 뿔　　　　③ 높다　　　④ 서울

19. '과목'이란 뜻을 가진 한자는?

　　① 校　　　　② 科　　　　③ 果　　　　④ 敎

20. '함께'라는 뜻을 가진 한자는?

　　① 紙　　　　② 道　　　　③ 共　　　　④ 公

1. 다음 漢字語(한자어)의 讀音(독음)을 쓰세요.

1) 國語 (　　　　　)

2) 邑內 (　　　　　)

3) 千年 (　　　　　)

4) 食事 (　　　　　)

5) 秋夕 (　　　　　)

6) 內外 (　　　　　)

7) 出口 (　　　　　)

8) 前後 (　　　　　)

9) 動物 (　　　　　)

10) 山川 (　　　　　)

11) 直角 (　　　　　)

12) 各界 (　　　　　)

13) 世界 (　　　　　)

14) 計算 (　　　　　)

15) 高校 (　　　　　)

16) 公平 (　　　　　)

17) 有功 (　　　　　)

18) 共同 (　　　　　)

19) 科學 (　　　　　)

20) 果木 (　　　　　)

2. 다음 밑줄 친 단어를 漢字(한자)로 쓰세요.

1) 내가 바라는 것은 세계 평화이다.(　　　　)

2) 생일 선물로 시계를 받았다.(　　　　)

3) 내가 제일 좋아하는 과목은 과학이다.(　　　　)

4) 이렇게 나누는 것이 가장 공평하다.(　　　　)

5) 교복을 <u>공동</u>으로 구매하였다.(   )

3. 다음 訓(훈)과 音(음)에 알맞은 漢字(한자)를 보기에서 골라 번호를 쓰세요.

보기   ①角   ②各   ③界   ④計   ⑤高
        ⑥公   ⑦功   ⑧共   ⑨科   ⑩果

1) 경계 계   (   )

2) 높을 고   (   )

3) 뿔 각   (   )

4) 각각 각   (   )

5) 계산할 계   (   )

6) 공변될 공   (   )

7) 과목 과   (   )

8) 함께 공   (   )

9) 과실 과   (   )

10) 일 공   (   )

4. 다음 漢字語(한자어)의 뜻을 쓰세요.

　　1) 公正 (　　　　　　　　　　　)

　　2) 各色 (　　　　　　　　　　　)

　　3) 世界 (　　　　　　　　　　　)

　　4) 果木 (　　　　　　　　　　　)

5. 다음 밑줄 친 말과 뜻이 통하는 漢字(한자)를 보기에서 골라 번호를 쓰세요.

> 보
> 기
> ①角　②各　③界　④計　⑤高
> ⑥公　⑦功　⑧共　⑨科　⑩果

　　1) 오늘 저녁 식사비는 엄마가 계산(　　　　)하셨다.

　　2) 대한민국에서 가장 높은(　　　　) 산은 한라산이다.

　　3) 이 강물이 두 마을을 나누는 경계(　　　　)이다.

　　4) 각각(　　　　) 하나씩 맡아서 해야 한다.

　　5) 뿔(　　　　)을 세워라.

　　6) 다른 과목은 관심이 없고 국어 과목(　　　　)에만 관심이 간다.

　　7) 일(　　　　)은 최선을 다해 열심히!

8) 열매(   )가 익다.

9) 일은 함께(   )하는 것이 쉽다.

10) 공정(   )한 일처리가 우선이다.

6. 다음 訓(훈)과 音(음)에 알맞은 漢字(한자)를 쓰세요.

1) 배울 학   (   )

2) 아우 제   (   )

3) 먼저 선   (   )

4) 뒤 후   (   )

5) 움직일 동   (   )

7. 功(공/일 공)을 쓰는 순서에 맞게
각 획에 번호를 쓰세요.

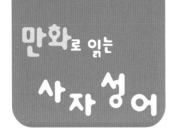

因果應報 (인과응보)

불교에서 과거 또는 전생의 선악의 인연에 따라서 뒷날 길흉화복의 갚음을 받게 됨을 이르는 말입니다.

❖ 因:인할 인, 果:과실 과, 應:응할 응, 報:갚을 보

6급 II과정

光
빛 광

球
공 구

今
이제 금

急
급할 급

短
짧을 단

堂
집 당

代
대신할 대

對
대할 대

圖
그림 도

讀
읽을 독

光

빛 광 (儿부)

火 + 儿 = 光

사람이 횃불을 들고 가는 모습을 본뜬 한자입니다.

저게 어디서 나오는 빛이지? 따라가 보자.

안 돼. 분명히 외계인 우주선에서 나오는 광선(光線)일 거야.

필순에 따라 써 보세요   光 光 光 光 光 光 (총 6획)

光				
빛 광				

· 光線(광선) : 빛의 줄기.

상대·반의어   光(빛 광) ↔ 暗(어두울 암)

6급 II급수한자

球
공 구 (王/玉부)

王(玉) + 求 = 球

구슬을 뜻하는 옥(玉)과 발음을 결정한 구(求)가 합쳐진 한자
입니다.

공으로 하는
구기(球技) 종목
중에서 아는 게
있으면 말해 봐.

야구, 축구, 농구,
배구, 탁구, 전구,
지구! 참, 전구하고
지구는 아니지.

필순에 따라 써 보세요	球 球 球 球 球 球 球 球 球 球 球 (총11획)

球
공 구

· 電球(전구) : 공 모양의 둥근 전등.

기억나요? 8급 급수한자에서 배운 아홉 구(九),
7급 급수한자에서 배운 입 구(口)와 동음이의어예요.

월   일   확인:

今

이제 금 (人부)

스 + ㄱ = 今

원래 입에 음식을 '머금다'는 뜻의 '숌(머금을 함)'으로 쓰였
지만 지금은 '이제, 지금'의 뜻으로 변한 한자입니다.

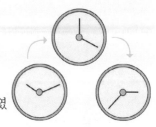

금년(今年)에는
운동을 꼭 할 거야.
지금부터 당장
시작해야지.

설마 숨쉬기 운동은
아니겠지? 킥킥킥.

필순에 따라 써 보세요	今 今 今 今 (총 4획)			
今 이제 금	今	今	今	今

· 今年(금년) : 올해.

상대·반의어 今(이제 금) ↔ 古(옛 고)

월   일 확인:

急
급할 **급** (心부)

及 + 心 = 急

발음을 결정한 미칠 급(及)과 뜻을 결정한 마음 심(心)이 합쳐진 한자입니다.

어딜 그렇게 급(急)하게 가는 거야?

말 시키지 마. 나 지금 무지 급하거든. 으으으~

화장실

필순에 따라 써 보세요	急急急急急急急急急 (총 9획)			
急				
급할 급				

· 危急(위급) : 매우 위태롭고 급함.

재밌는 한자 사람의 마음[心]이 들어있는 한자로 感(느낄 감), 急(급할 급)이 있어요.

29

短

짧을 단 (矢부)

矢 + 豆 = 短

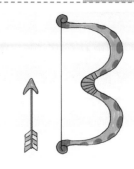

화살 모양을 본뜬 화살 시(矢)와 발음을 결정한 콩 두(豆)가
합쳐진 한자입니다.

요즘 짧은 치마가
유행이래. 예쁘지?

그런데 너···
짧은 치마 입은 거 맞아?
워낙 단신(短身)이라.

필순에 따라 써 보세요	短 短 短 矢 矢 短 短 短 短 短 短 短 (총 12획)

短	短	短	短	短
짧을 단	短	短		

· 長短(장단) : 1.길고 짧음.
                    2.장점과 단점.

상대·반의어 短(짧을 단) ↔ 長(길 장)

6급 II 급수한자

堂
집 당 (土부)

尙 + 土 = 堂

발음을 결정한 숭상 상(尙)과 뜻을 결정한 흙 토(土)가 합쳐진 한자입니다.

○ △ 식당

흙으로 지은 집에서 식당(食堂)을 하니까 사람들이 좋아하는 것 같아.

난 먹을 게 많아서 좋고 오늘부터 난 식당개!

필순에 따라 써 보세요	堂堂堂堂堂堂堂堂堂堂堂 (총 11획)

堂				
집 당				

· 食堂(식당) : 1.식사하기에 편리하도록 설비하여 놓은 방.
　　　　　　 2.음식을 만들어 파는 가게.

기억나요? '집'의 뜻을 가진 한자 기억나요?
바로 8급 급수한자에서 배운 室(집 실)!

31

월   일 확인:

代

대신할 대 (1부)

イ + 弋 = 代

사람 인(イ / 人)과 말뚝의 모습을 본뜬 익(弋)이 합쳐진 한자입니다.

나랑 똑같은 사람이
또 있다면 나 대신(代身)
학원도 보내고,
숙제도 시킬 텐데…

동생 있잖아.
쌍둥이 동생!

필순에 따라 써 보세요   代 代 仁 代 代 (총5획)

代	代	代	代	代
대신할 대	代	代		

· 代表(대표) : 전체를 표시할 만한 한 가지 사물, 또는

한 부분.

6급 II급수한자

對
대할 대 (寸부)

丵 + 寸 = 對

손으로 촛불을 마주잡고 있다는 뜻에서 유래된 한자입니다.

서로 마주보고 서서 뭐하니? 엄마가 부르는데 대답(對答)도 하지 않고.

눈싸움 대결(對決) 중이에요.

필순에 따라 써 보세요	對 對 對 對 對 對 對 對 對 對 對 對 對 對 (총14획)

對	對	對	對	對
대할 대				

· 對答(대답) : 1. 묻는 말에 자기의 뜻을 나타냄.
　　　　　　　2.부름에 응함.

동음이의어 大(큰 대), 代(대신할 대), 對(대할 대), 待(기다릴 대)

월   일 확인:

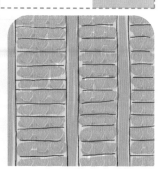

圖
그림 도 (口부)

口 + 啚 = 圖

경작지의 모습을 그림으로 그려 놓은 것을 본뜬 한자입니다.

지구 표면을 일정한 비율로 줄여서 기호로 나타낸 그림이 바로 지도(地圖)라는 거야.

와, 대단하다. 그럼 오늘 네 요에 그린 지도는 위치가 어디쯤 되는 거야? 킥킥킥.

필순에 따라 써 보세요	丨 冂 冂 冂 冂 冋 圀 圀 圀 圀 圖 圖 圖 圖 (총 14획)

圖			圖	圖	圖	圖	圖
그림 도							
			圖	圖	圖		

· 地圖 (지도) : 지구 표면의 일부나 전부를 일정한 축척에 따라 평면 위에 나타낸 그림.

기억나요? 7급 급수한자에서 배운 道(길 도)와 동음이의어예요.

읽을 **독** (言부)

言 + 賣 = 讀

뜻을 결정한 말씀 언(言)과 발음을 결정한 육(賣)이 합쳐진 한자입니다.

독서(讀書)가
내 취미야.

만화책 읽는 거?
아까 아저씨가 빌려간
만화책 빨리 가져
오라고 하시더라.

도서대여

| 필순에 따라 써 보세요 | 讀 讀 讀 讀 言 讀 讀 讀 讀 讀 讀 讀 讀 讀 讀 讀 讀 讀 讀 (총 22획) |

讀					
읽을 독					

· 讀書(독서) : 책을 읽음.

1. 地球(   )에는 많은 동식물이 살고있다.

2. 今年(   )에는 꼭 살을 뺄 것이다.

3. 急所(   )를 다치지 않도록 조심해야 한다.

4. 短文(   )연습을 많이 해야 한다.

5. 여기가 우리 동네에서 가장 유명한 食堂(   )이다.

6. 언니와도 벌써 世代(   ) 차이를 느낀다.

7. 빨리 對答(   )하는 것이 좋을 것이다.

8. 나는 地圖(   ) 보는 일이 즐거워.

9. 대통령의 축사를 대변인이 代讀(   )하였다.

10. 찬란한 光明(   )의 빛!

11. '球' 의 뜻은?

　① 공　　　② 차다　　　③ 앉다　　　④ 높다

12. '옛날' 의 반대되는 뜻의 한자는?

　① 今　　　② 急　　　③ 金　　　④ 代

13. '느리다' 의 반대되는 뜻의 한자는?

　① 今　　　② 急　　　③ 對　　　④ 代

14. '집' 이란 뜻을 가진 한자는?

　① 球　　　② 短　　　③ 代　　　④ 堂

15. '長' 과 반대되는 뜻의 한자는?

　① 光　　　② 短　　　③ 代　　　④ 急

16. '대신하다' 라는 뜻의 한자는?

　① 對　　　② 短　　　③ 代　　　④ 堂

17. 다음 한자 중 발음이 같은 것 끼리 짝 지워진 것은?

　① 圖, 讀　　　② 短, 光　　　③ 對, 代　　　④ 球, 今

18. '圖' 의 발음은?

　① 강　　　② 경　　　③ 도　　　④ 독

19. 다음 한자 중 불 화(火)가 들어 간 한자는?

　① 光　　　② 公　　　③ 功　　　④ 古

20. '읽다' 라는 뜻을 가진 한자는?

　① 光　　　② 對　　　③ 堂　　　④ 讀

1. 다음 漢字語(한자어)의 讀音(독음)을 쓰세요.

1) 歌手 (　　　　　　)　　　　11) 電球 (　　　　　　)

2) 上下 (　　　　　　)　　　　12) 今年 (　　　　　　)

3) 午前 (　　　　　　)　　　　13) 急所 (　　　　　　)

4) 自動 (　　　　　　)　　　　14) 長短 (　　　　　　)

5) 花草 (　　　　　　)　　　　15) 食堂 (　　　　　　)

6) 四方 (　　　　　　)　　　　16) 後代 (　　　　　　)

7) 每日 (　　　　　　)　　　　17) 對話 (　　　　　　)

8) 外出 (　　　　　　)　　　　18) 圖面 (　　　　　　)

9) 手中 (　　　　　　)　　　　19) 代讀 (　　　　　　)

10) 海軍 (　　　　　　)　　　　20) 光明 (　　　　　　)

2. 다음 밑줄 친 단어를 漢字(한자)로 쓰세요.

1) 전구를 갈아 끼워야 한다.(　　　　　　　)

2) 식당에서는 조용해야 한다.(　　　　　　)

3) 어깝게 단명한 위인이 많다.(　　　　　　)

4) 금년에는 좋은 일이 일어날 것이다.(　　　　　　)

5) 축구 대표팀의 세대 교체가 필요하다.(　　　　　　)

3. 다음 訓(훈)과 音(음)에 알맞은 漢字(한자)를 보기에서 골라 번호를 쓰세요.

보기
①球　②今　③急　④短　⑤堂
⑥代　⑦對　⑧圖　⑨讀　⑩光

1) 읽을 독　　　　(　　　　　　)

2) 집 당　　　　(　　　　　　)

3) 이제 금　　　　(　　　　　　)

4) 짧을 단　　　　(　　　　　　)

5) 공 구　　　　(　　　　　　)

6) 대신할 대　　　　(　　　　　　)

7) 급할 급　　　　(　　　　　　)

8) 대할 대　　　　(　　　　　　)

9) 그림 도　　　　(　　　　　　)

10) 빛 광　　　　(　　　　　　)

4. 다음 漢字語(한자어)의 뜻을 쓰세요.

1) 今年 (　　　　　　　　　　　)

2) 長短 (　　　　　　　　　　　)

3) 光線 (　　　　　　　　　　　)

4) 對答 (　　　　　　　　　　　)

5. 다음 밑줄 친 말과 뜻이 통하는 漢字(한자)를 보기에서 골라 번호를 쓰세요.

보기	①球	②今	③急	④短	⑤堂
	⑥代	⑦對	⑧圖	⑨讀	⑩光

1) 지금(　　　　)이 바로 시작할 때이다.

2) 이 집에 대대(　　　　)로 살고 있다.

3) 급한(　　　　)일 이 있을수록 천천히.

4) 우리 집(　　　　)에는 식구가 셋이다.

5) 공(　　　　)을 차는 운동을 축구라고 한다.

6) 내 머리가 너무 짧지(　　　　)않니?

7) 사람을 대하는(   )방법을 배워야 한다.

8) 나는 그림(   )잘 그리는 사람이 부러워.

9) 빛나는(   ) 태양을 보라!

10) 서점에서 책 읽는(   ) 사람이 많았으면 좋겠다.

6. 다음 訓(훈)과 音(음)에 알맞은 漢字(한자)를 쓰세요.

1) 어미 모   (   )

2) 푸를 청   (   )

3) 먹을 식   (   )

4) 봄 춘   (   )

5) 집 가   (   )

7. 堂(집 당)을 쓰는 순서에 맞게 각 획에 번호를 쓰세요.

堂

牛耳讀經 (우이독경)

소 귀에 경 읽기라는 뜻으로 아무리 가르치고, 일러 주어도 알아듣지 못함을 뜻하는 말입니다.

하늘아! PC 게임 많이 하면 안 된다.

네.

보람이는 텔레비전 너무 많이 보지 말고.

아빠 말 알겠니?

네.

그런데 아빠, 할 말 있어요.

그래? 뭔데?

우리 저녁 언제 먹어요? 빨리 먹고 게임해야 하는데…

나는 드라마 봐야 하는데요.

크~ 완전히 우이독경이로군.

❖ 牛:소 우, 耳:귀 이, 讀:읽을 독, 經:지날 경

6급 II과정

 童 아이 동

等 무리 등

樂 즐거울 락

 理 다스릴 리

 利 이로울 리

 明 밝을 명

 聞 들을 문

 反 돌이킬 반

 半 반 반

 班 나눌 반

월   일 확인:

童

아이 동 (立부)

辛 + 重 = 童

뜻을 결정한 매울 신(辛)과 발음을 결정한 무거울 중(重)이 합쳐진 한자입니다.

아이들은 가요보다 예쁜 리듬과 노랫말이 있는 동요(童謠)를 부르는 게 좋단다.

엄마가 아빠보고 매일 아이 같다고 하니까 그럼 아빠도 동요만 불러야 겠네.

| 필순에 따라 써 보세요 | 童 童 童 童 童 音 音 音 音 童 童 童 (총 12획) |

童	童	童	童	童
아이 동				
童	童	童		

· **童話(동화)** : 어린이에게 들려 주거나 읽히기 위하여 지은 이야기.

기억나요? 8급 급수한자 東(동녘 동)
7급 급수한자 動(움직일 동), 同(한가지 동)
7급 급수한자 洞(고을 동)

等

무리 **등** (竹부)

竹 + 寺 = 等

관리가 관청에서 문서를 정리한다는 뜻에서 유래된 한자입니다.

달리기 시합하면 1등(等)만 하던 네가

이번에는 아깝게 2등을 했네.

헉헉헉, 여자 애라서 내가 양보한 거지. 헉헉헉-

숨도 제대로 못 쉬면서 뻥은…

필순에 따라 써 보세요	等 等 等 等 等 等 等 等 等 等 等 等 (총 12획)

等 무리 등				

· 等級(등급) : 값 · 품질 · 신분 따위의 높고 낮음이나 좋고 나쁨의 차를 여러 층으로 나눈 급수.

기억나요? 7급 급수한자 登(오를 등)과 동음이의어예요.

월   일 확인:

樂
즐거울 락, 음악 악, 좋아할 요 (木부)

絲 + 木 = 樂

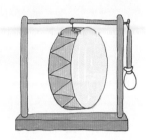

나무 받침대 위에 북을 매달아 놓은 모습을 본뜬 한자입니다.

내가 제일 좋아하는 과목은 음악(音樂)이야.

그래서 음악 시간만 되면 네 얼굴이 즐거워 보이는구나?

필순에 따라 써 보세요	樂 樂 自 自 自 樂 絲 絲 樂 樂 樂 樂 樂 樂 (총 15획)

樂		樂	樂	樂	樂
즐거울 락, 음악 악, 좋아할 요					
			樂		

· 安樂(안락): 몸과 마음이 편안하고 즐거움.

· 樂天(낙천): 세상과 인생을 좋고 즐겁게 여김.

재밌는 한자 이미 만들어진 글자를 다른 뜻으로 쓰는 것을 전주문자라고 합니다. 樂(즐거울 락, 음악 악, 좋아할 요), 長(길 장, 어른 장), 便(똥오줌 변, 편할 편)

理

다스릴 리 (王/玉부)

王(玉) + 里 = 理

옥을 다스려 가공한다는 뜻에서 유래된 한자입니다.

이렇게 늦게 온 이유(理由)가 뭐니?

친구들이 서점에 가자고 해서… 읽을 책도 많고, 사람도 많고, 차도 막히고, 어쩌구 저쩌구…

오늘은 언제 끝나려나?

필순에 따라 써 보세요	理理理理理理理理理理理 (총11획)			
理				
다스릴 리				

· 理由(이유) : 어떤 결과에 이른 까닭. 사유.
· 道理(도리) : 사람이 마땅히 행하여야 할 바른 길.

동음이의어 里(마을 리), 理(다스릴 리), 利(이로울 리), 李(오얏 리)

47

월   일 확인:

利
이로울 리 (刂부)

禾 + 刂 = 利

벼 화(禾)와 칼 도(刂:刀)가 합쳐진 한자입니다.

난 예쁜 곰돌이 우산… 앗! 구멍이 났네.

편리(便利)한 자동 우산이 더 나을 텐데.

필순에 따라 써 보세요 利 ノ 二 千 禾 禾 利 利 (총7획)

利	利	利	利	利	利
이로울 리					
利	利	利			

· 便利(편리) : 어떤 일을 하는 데 편하고 이용하기 쉬움.　· 利子(이자): 돈을 빌려 쓴 대가로 치르는 일정한 비율의 돈.

明

밝을 **명** (日부)

日 + 月 = 明

날 일(日)과 달 월(月)이 합쳐져 '밝다' 라는 뜻이 된 한자입니다.

넌 성격이 명랑(明朗)해서 참 좋아.

고마워.

명랑이 지나쳐서 천방지축인걸 모르는군.

필순에 따라 써 보세요	ㅣ 刀 月 日 日丶 明 明 明 (총 8획)

明	明	明	明	明	明
밝을 명					
明	明	明			

· 明堂(명당) : 풍수지리에서 말하는 좋은 묏자리나 집터.

기억나요? 7급 급수한자에서 배운 命(목숨 명)과 明(밝을 명)은 동음이의어예요.

49

聞
들을 문 (耳부)

門 + 耳 = 聞

음과 뜻을 동시에 결정한 문 문(門)과 뜻을 결정한 귀 이(耳)가 합쳐진 한자입니다.

임금님 귀가 당나귀 귀라는 소문(所聞)이 있던데 혹시 들으셨어요?

정말이에요?

필순에 따라 써 보세요	ㅣ ㅣ ㅓ ㅓ ㅓ 門 門 門 門 門 門 門 聞 聞 (총 14획)

聞
들을 문

· 新聞(신문) : 사회에서 일어난 새로운 사건이나 화제 따위를 빨리 보도 · 해설 · 비평하는 정기 간행물.

앗, 조심!

모두 門(문 문)자가 있어 비슷하게 생겼지만 뜻이 모두 다르니 조심해야 할 한자들이에요.
聞(들을 문), 間(사이 간), 問(물을 문), 開(열 개), 閉(닫을 폐)

6급 II급수한자

反
돌이킬 반 (又부)

厂 + 又 = 反

평지를 두고 가파른 언덕을 올라간다는 뜻에서 유래된 한자입니다.

"5월 5일"

우리 어린이 날, 놀이 공원에 갈까?

전 반대(反對)예요. 작년처럼 또 이산가족 되면 어떡해요.

맞아. 나도 집 찾느라 얼마나 고생했다구. 흑흑

필순에 따라 써 보세요	厂 厂 反 反 (총 4획)			
反	反	反	反	反
돌이킬 반				

· 反省(반성) : 자기의 언행 · 생각 따위의 옳고 그름을 깨닫기 위해 스스로를 돌이켜 살핌.

동음이의어 半(반 반), 班 (나눌 반)

半

반 반 (十부)

八 + 牛 = 半

소의 머리를 반으로 나눈다는 뜻에서 유래된 한자입니다.

와, 맛있겠다. 우리 똑같이 반(半)으로 나눠 먹자.

그래, 그래.

내 건 없나?

필순에 따라 써 보세요   半 半 半 半 半 (총 5획)

半

반 반

· 折半(절반) : 하나를 반으로 가름.

재밌는 한자 소의 머리를 본뜬 한자로 '牛(소 우)'와 모양이 비슷하게 생겼지만 뜻은 달라요.

班

나눌 **반** (王/玉부)

玉玉 + ㅣ(刀) = 班

옥을 칼로 반으로 나눈다는 뜻에서 유래된 한자입니다.

필순에 따라 써 보세요	班 班 班 班 班 班 班 班 班 班 (총 10획)

班					
나눌 반					

· 班長(반장) : '반(班)'이라는 이름을 붙인 집단의 통솔자 또는 책임자.

재밌는 한자   '玉' 처럼 보이지만 사실 '玉'이 들어간 한자로 球(공 구), 理(다스릴 리), 班(나눌 반)이 있어요.

1. 平等(   )한 사회를 만들자!

2. 國樂(   )을 직접 들어보니 너무 좋더라!

3. 그것은 사람의 道理(   )가 아니다.

4. 자신에게 利(   )로운 일이라고 무턱대고 할 수는 없다.

5. 여기가 최고의 明堂(   )자리이다.

6. 그런 所聞(   )을 신경쓰지 마라!

7. 童話(   )는 어른들이 읽어도 재미있다.

8. 너는 어떻게 내 말에 항상 反對(   )만 하니?

9. 콩 하나도 半(   )으로 나누어 먹는다.

10. 우리 班(   )은 남자와 여자가 꼭 半半(   )이다.

11. '等' 과 발음이 같은 것은?

① 共   ② 樂   ③ 登   ④ 高

12. '樂' 에 해당하지 않은 발음은?

① 악   ② 락   ③ 요   ④ 오

13. 귀와 관련이 있는 한자는?

① 反   ② 口   ③ 明   ④ 聞

14. '어른' 의 뜻과 반대되는 뜻을 가진 한자는?

① 今   ② 短   ③ 對   ④ 童

15. 벼와 관련이 있는 한자는?

① 童   ② 短   ③ 利   ④ 林

16. '어둠' 과 반대되는 뜻의 한자는?

① 明   ② 聞   ③ 代   ④ 堂

17. '옥을 다스리다' 라는 뜻의 유래를 가진 한자는?

① 圖   ② 童   ③ 對   ④ 理

18. '꺼꾸로', '반대' 등의 뜻을 가진 한자는?

① 命   ② 半   ③ 班   ④ 反

19. '반' 이라고 발음을 하는 한자는?

① 夫   ② 方   ③ 半   ④ 面

20. '玉' 을 반 나눈 모습을 본뜬 한자는?

① 童   ② 對   ③ 班   ④ 讀

1. 다음 漢字語(한자어)의 讀音(독음)을 쓰세요.

1) 漢字 (　　　　　)　　　　11) 等數 (　　　　　　)

2) 生命 (　　　　　)　　　　12) 國樂 (　　　　　　)

3) 夕食 (　　　　　)　　　　13) 天理 (　　　　　　)

4) 祖上 (　　　　　)　　　　14) 有利 (　　　　　　)

5) 自然 (　　　　　)　　　　15) 明月 (　　　　　　)

6) 住所 (　　　　　)　　　　16) 所聞 (　　　　　　)

7) 間食 (　　　　　)　　　　17) 童心 (　　　　　　)

8) 人生 (　　　　　)　　　　18) 後半 (　　　　　　)

9) 正直 (　　　　　)　　　　19) 反對 (　　　　　　)

10) 草家 (　　　　　)　　　　20) 班長 (　　　　　　)

2. 다음 밑줄 친 단어를 漢字(한자)로 쓰세요.

1) 등수가 올라가 선물을 받았다. (　　　　　　　　　　)

2) 어느 쪽이 불리할 지 생각해 봐야 한다. (　　　　　　　　　)

3) 이 지역은 일찍이 문명이 발달한 곳이다. (　　　　　　　　)

4) 후반전에는 선수 교체가 필요하다. (　　　　　　　　)

5) 반장으로 태곤이가 선출되었다. (　　　　　　　　)

3. 다음 訓(훈)과 音(음)에 알맞은 漢字(한자)를 보기에서 골라 번호를 쓰세요.

보기 ①等 ②樂 ③理 ④利 ⑤明
      ⑥聞 ⑦童 ⑧反 ⑨半 ⑩班

1) 밝을 명   (   )

2) 이로울 리   (   )

3) 다스릴 리   (   )

4) 즐거울 락   (   )

5) 들을 문   (   )

6) 돌이킬 반   (   )

7) 반 반   (   )

8) 아이 동   (   )

9) 나눌 반   (   )

10) 무리 등   (   )

4. 다음 漢字語(한자어)의 뜻을 쓰세요.

1) 反對 (   )

2) 便利 (   )

3) 明堂 (   )

4) 班長 (   )

5. 다음 밑줄 친 말과 뜻이 통하는 漢字(한자)를 보기에서 골라 번호를 쓰세요.

보기	①等	②樂	③理	④利	⑤明
	⑥聞	⑦童	⑧反	⑨半	⑩班

1) 음악(   )은 늘 사람을 즐겁게 한다.

2) 같은 무리의(   ) 사람끼리 어울리는 법이다.

3) 다스림(   )은 항상 공정해야 한다.

4) 몸에 이로운(   )것이 입에 쓰다.

5) 밝은(   )달이 떠있는 날 만나자.

6) 제대로 듣고(   )제대로 말하자.

7) 나는 항상 먹을 것을 동생과 반(　　　)씩 나눠 먹는다.

8) 내 동생은 항상 나와 반대(　　　)로 행동한다.

9) 나는 우리 반(　　　)친구 모두와 친하다.

10) 어린 아이는(　　　) 생각이 자유롭다.

6. 다음 訓(훈)과 音(음)에 알맞은 漢字(한자)를 쓰세요.

1) 학교 교　　(　　　　　　　　)

2) 배울 학　　(　　　　　　　　)

3) 무거울 중　(　　　　　　　　)

4) 움직일 동　(　　　　　　　　)

5) 나라 국　　(　　　　　　　　)

7. 反(돌이킬 반)를 쓰는 순서에 맞게 각 획에 번호를 쓰세요

漁夫之利(어부지리)

둘이 다투고 있는 사이에 엉뚱한 사람이 이익을 얻게 됨을 말합니다.

❖ 漁:고기잡을 어, 夫:지아비 부, 之:갈 지, 利:이로울 리

6급 Ⅱ과정

發
필 발

放
놓을 방

部
거느릴 부

分
나눌 분

社
모일 사

書
책/글 서

線
선 선

雪
눈 설

成
이룰 성

省
살필 성

發
필 **발** (癶부)

癶 + 弓 + 殳 = 發

사람이 달려가면서 창을 던지는 모습을 본뜬 한자입니다.

출발(出發) 신호를 들어야 하는데 귀를 막고 있으면 어떡해?

아! 깜빡했다.

필순에 따라 써 보세요	ノ ㄱ ㄲ ㄲ 癶 癶 癶 發 發 發 發 發 (총 12획)

發	發	發	發	發	發
필 발					
發	發	發			

· **發射**(발사) : 총포나 로켓 따위를 쏨.

재밌는 한자   發(필 발), 祭(제사 제), 登(오를 등). 모양이 비슷하게 생겼죠? 하지만 뜻은 모두 다르답니다.

放
놓을 **방** (攵부)

方 + 攵 = 放

발음을 결정한 모 방(方)과 뜻을 결정한 칠 복(攵)이 합쳐진
한자입니다.

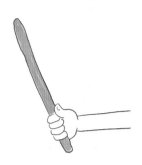

저런 나쁜 사람들은
아빠 주먹 한 방(放)이면
보낼 수 있는데…

아빠의 지독한 방귀 한 방이
아니구요? 킥킥킥.

필순에 따라 써 보세요 放放放放方放放放 (총8획)

放
놓을 방

· 放飼(방사) : 가축을 놓아 먹임.

기억나요? 7급 급수한자에서 배운 方(모 방)과 동음이의어예요.

部
거느릴 부 (阝/邑부)

音 + 阝 = 部

발음을 결정한 부(音)와 어떠한 지역을 뜻하는 고을 읍(阝/邑)이 합쳐진 한자입니다.

아빠는 부장(部長)님이라서 거느리는 부서 직원들이 아주 많단다.

그럼 우리 집 부장님은 엄마야?

필순에 따라 써 보세요   咅 部 咅 咅 立 咅 咅 咅 咅 咅 部 (총11획)

部	部	部	部	部	部
거느릴 부					
部	部	部			

· 部署(부서) : 일의 성격에 따라 여럿으로 나누어진 역할.   **동음이의어** 父(아비 부), 不(아닐 부), 夫(지아비 부)

월 일 확인:

分
나눌 분 (刀부)

八 + 刀 = 分

칼로 어떠한 물건을 나눈다는 뜻에서 유래된 한자입니다.

똑같이 나누기로 했잖아?

똑같잖아? 너 두 개, 나 두 개.

크기가 다르잖아!

필순에 따라 써 보세요	分 分 分 分 (총 4획)

分
나눌 분

· 區分(구분) : 일정한 기준에 따라 전체를 몇으로 따로따로 나누는 일.

모일 사 (示부)

示 + 土 = 社

신탁 모양을 본뜬 보일 시(示)와 흙덩이 모양을 본뜬 흙 토(土)가 합쳐진 한자입니다.

아빠는 오늘 회사(會社)에서 늦으신다는구나. 우리끼리 밥 먹자.

첫, 일찍 오셔서 나랑 게임한다고 해 놓고···

우리 아빠도 오늘 개 모임 간다고 하셨는데···

필순에 따라 써 보세요	社 社 子 社 示 示 社 社 (총8획)

社				
모일 사				

· **會社**(회사) : 상행위 또는 영리 행위를 목적으로 상법에 따라 설립된 사단 법인.

동음이의어   四(넉 사), 事(일 사), 使(부릴 사), 死(죽을 사)

書
책 / 글 서 (日부)

聿 + 曰 = 書

뜻을 결정한 붓 율(聿)과 놈 자(者)에서 생략되고 남은 형태 인 가로 왈(曰)이 발음을 결정한 한자입니다.

책이 굉장히 많네! 서점(書店) 같아.

우리 집 서점 맞는데…몰랐나?

필순에 따라 써 보세요   ⺕ ⺕ 聿 聿 書 書 書 書 書 書 (총10획)

書

책 서, 글 서

· 書店(서점) : 책을 팔거나 사는 가게.   동음이의어   西(서녘 서)

67

線

선 선 (糸부)

糸 + 泉 = 線

뜻을 결정한 실 사(糸)와 발음을 결정한 샘 천(泉)이 합쳐
진 한자입니다.

이 선(線) 밟으면
죽는 거야. 알았지?

악, 죽었다. 내 죽음을
사람들에게 알리지 말라!

자기가 무슨
이순신 장군
인 줄 아나봐.

필순에 따라 써 보세요	線 線 線 糸 線 線 線 糸 糸 糸 糸 糸 線 線 線 (총 15획)

線

선 선

線 線 線

· 曲線(곡선) : 부드럽게 굽은 선.

기억나요? 8급 급수한자에서 배운 先(먼저 선)과 동음이의어예요.

雪
눈 설 (雨부)

雨 + 彐(彗) = 雪

뜻을 결정한 비우(雨)와 발음을 결정한 별 혜(彗:彐)가 합쳐진 한자입니다.

난 눈이 너무 좋아.
나무에 핀 설화(雪花)도
볼 수 있고…

누가 개띠 아니래
나…눈만오면 저렇
게 뛰어다니니…

필순에 따라 써 보세요	雪雪雪雪雪雪雪雪雪雪雪 (총11획)

雪				
눈 설				

· 雪花(설화) : '눈송이'를 꽃에 비유하여 이르는 말.

월 일 확인:

戈 + 丁 = 成

발음을 결정한 정(丁)과 창의 모습을 본떠 뜻을 결정한 무(戈)가 합쳐진 한자입니다.

이룰 성 (戈부)

단식으로 이번에는 꼭 성공(成功)해야 할 텐데…

게임기를 또 사달라고? 그건 안 되지. 네가 이 불고기 냄새에도 밥을 안 먹나 보자고.

내 소원이 이루어지도록 계속 먹지 말아라. 불고기야, 내게로 오라!

필순에 따라 써 보세요 丿 厂 厂 厅 成 成 成 (총7획)

成

이룰 성

· 成功(성공) : 1.뜻을 이룸.
2.부(富)나 사회적 지위를 얻음.

동음이의어 姓(성 성)

70

6급 II 급수한자

省
살필 **성** / 덜 **생** (目부)

少 + 目 = 省

눈(目)으로 아주 작은 것(少)까지 살핀다는 뜻에서 유래된 한자입니다.

사람은 항상 자기 성찰의 시간이 필요하단다. 그래야 뒤도 돌아보며 반성(反省) 할 수 있는 거야.

뒤에 아무것도 없는데… 다른 사람이 벌써 주워 갔나?

필순에 따라 써 보세요

省 省 省 少 省 省 省 省 省 (총9획)

省					
살필 성					

· 省察(성찰) : 자신이 한 일을 돌이켜 보고 깊이 생각함.

앗, 조심! '省略'은 '성략'이 아니고 '생략'이라고 발음해요.

71

1. 내가 이 나무의 최초 發(　　　　)견자다.

2. 아직 만화영화 放(　　　　)송 시간은 멀었다.

3. 한 部分(　　　　)만으로 사람을 평가하면 안 돼.

4. 이 로봇은 分(　　　　)리가 돼.

5. 이번에 회社(　　　　)에 취직을 했다.

6. 가을은 讀書(　　　　)의 계절이다.

7. 곧게 線(　　　　)을 그어라!

8. 눈 내린 雪(　　　　)경은 아름답다.

9. 成功(　　　　)을 꿈꾸고 노력하라!

10. 자신을 잘 살펴 反省(　　　　)하고 노력하는 것이 중요하다.

11. '출발하다' 는 뜻을 가진 한자는?

    ① 發   ② 樂   ③ 登   ④ 放

12. '방' 이라고 발음을 하는 한자는?

    ① 放   ② 樂   ③ 班   ④ 半

13. '거느리다' 라는 의미의 한자는?

    ① 反   ② 角   ③ 部   ④ 聞

14. '刀' 가 숨어 있는 한자는?

    ① 部   ② 分   ③ 聞   ④ 姓

15. '모이다' 는 뜻을 가진 한자는?

    ① 動   ② 讀   ③ 農   ④ 社

16. '책' 의 뜻을 가진 한자는?

    ① 物   ② 書   ③ 不   ④ 急

17. 겨울에 하늘에서 내리는 것은?

    ① 天   ② 各   ③ 雪   ④ 球

18. '선' 이라고 읽는 한자는?

    ① 對   ② 線   ③ 雪   ④ 世

19. 다음 한자 중 같은 발음이 나는 것끼리 묶인 것은?

    ① 旗, 軍   ② 線, 成   ③ 雪, 夕   ④ 成, 省

20. 아주 작은 것까지 살핀다는 뜻이 있는 한자는?

    ① 自   ② 省   ③ 圖   ④ 等

1. 다음 漢字(한자)의 訓(훈)과 音(음)을 쓰세요.

　　1) 放 (　　　　　　　　)

　　2) 發 (　　　　　　　　)

　　3) 部 (　　　　　　　　)

　　4) 分 (　　　　　　　　)

　　5) 社 (　　　　　　　　)

　　6) 書 (　　　　　　　　)

　　7) 省 (　　　　　　　　)

　　8) 成 (　　　　　　　　)

　　9) 雪 (　　　　　　　　)

　　10) 線 (　　　　　　　　)

2. 다음 漢字語(한자어)의 讀音(독음)을 쓰세요.

　　1) 放火 (　　　　　　　　)

　　2) 發電 (　　　　　　　　)

　　3) 部長 (　　　　　　　　)

　　4) 氣分 (　　　　　　　　)

　　5) 社內 (　　　　　　　　)

6) 讀書 (   )

7) 反省 (   )

8) 成功 (   )

9) 直線 (   )

10) 雪花 (   )

3. 다음 물음에 어울리는 한자를 보기에서 골라 번호를 쓰세요.

보기 ①發   ②放   ③部   ④分   ⑤社
      ⑥書   ⑦線   ⑧雪   ⑨成   ⑩省

1) '출발', '발사', '발견' 에 사용되는 한자는?

2) '흙 토' 가 숨어 있는 한자는?

3) 칼로 어떠한 물건들을 나눈다는 뜻에서 유래한 한자는?

4) 겨울에 하늘에서 내리는 흰 것은?

5) '생' 과 '성' 두 가지로 발음을 하는 한자는?

6) '이루다' 라는 뜻의 한자는?

7) '方' 과 발음이 같은 한자는?

4. 다음 밑줄 친 말과 뜻이 통하는 漢字(한자)를 보기에서 골라 번호를 쓰세요.

보기
①發　②放　③部　④分　⑤社
⑥書　⑦線　⑧雪　⑨成　⑩省

1) 너무 일찍 출발(　　　)한 게 아닐까?

2) TV에서 만화영화를 방송(　　　) 할 시간이 되었다.

3) 앞 사람과 줄(　　　)을 맞춰 서라.

4) 모든 일들을 잘 살펴서(　　　)해라!

5) 올 겨울엔 눈(　　　)이 많이 온데.

6) 아빠 회사(　　　)는 우리 집과 굉장히 가깝다.

7) 저 친구는 별명이 책(　　　)벌레다.

8) 나눔(　　　)의 미덕을 발휘하자.

9) 아빠는 거느리는(　　　) 부서 직원들이 많다.

10) 성공(　　　)하려면 노력하라

5. 다음 물음에 알맞은 한자를 쓰세요.

1) '발' 이라고 발음을 하고 '출발하다' 의 뜻을 가진 한자는?

2) '방' 이라고 발음을 하고 '놓다' 의 뜻을 가진 한자는?

3) '분' 이라고 발음을 하고 '나누다' 의 뜻을 가진 한자는?

4) '설' 이라고 발음을 하고 '눈' 의 뜻을 가진 한자는?

5) '선' 이라고 발음을 하고 '줄' 의 뜻을 가진 한자는?

6) '성' 이라고 발음을 하고 '이루다' 의 뜻을 가진 한자는?

7) '성' 이라고 발음을 하고 '살피다' 의 뜻을 가진 한자는?

6. 다음 漢字語(한자어)의 뜻을 쓰세요.

1) 成功 (   )

2) 讀書 (   )

3) 反省 (   )

7. 省(살필 성)을 쓰는 순서에 맞게
각 획에 번호를 쓰세요.

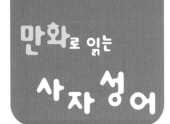

만화로 읽는 사자성어

一言半句 (일언반구)

한 마디의 말과 한 구(句)의 반이라는 뜻으로 아주 짧은 말을 뜻합니다.

❖ 一:한 일, 言:말씀 언, 半:반 반, 句:글귀 구

 消 사라질 소

 術 재주 술

 始 비로소 시

 信 믿을 신

 身 몸 신

 新 새로울 신

 神 신 신

 弱 약할 약

 藥 약 약

 業 일 업

消

사라질 소 (氵/水부)

氵 + 肖 = 消

뜻을 결정한 물 수(氵)와 발음을 결정한 닮을 초(肖)가 합쳐진 한자입니다.

그럼, 엄마 얼굴이 불이 난 것처럼 빨개지고 머리에서 연기가 날 때도 이 소화기를 사용하면 되겠네요. 헤헤헤.

불이 나면 이 소화기(消火器)로 불을 끄는 거란다.

필순에 따라 써 보세요   消消消消消消消消消消 (총 10획)

消	消	消	消	消	消
사라질 소					
消	消	消			

· 消火器(소화기) : 불을 끄는 데 쓰는 기구.

동음이의어 小(작을 소), 少(적을 소), 所(바 소)

術
재주 술 (行부)

行 + 朮 = 術

뜻을 결정한 다닐 행(行)과 발음을 결정한 뿌리 출(朮)이 합쳐진 한자입니다.

난 미술(美術) 시간이 싫어.
아무래도 미술엔
재주가 없는 것 같아.

아침에 보니까
이불에는 예술로
그렸던데… 킥킥킥.

필순에 따라 써 보세요 術 術 術 術 術 術 術 術 術 術 術 (총11획)

術
재주 술

· 美術(미술) : 공간 및 시각의 미를 표현하는 예술.
· 魔術(마술) : 사람의 눈을 속여 이상한 일을 해 보이
　　　　　　 는 재주.

재밌는 한자 '術(재주 술)'은 원래 '길'이라는 뜻을 가진 한자였어요.

81

월   일   확인:

비로소 시 (女부)

女 + 台 = 始

비로소 아기를 가졌다는 뜻을 결정한 계집 녀(女)와 발음을 결정한 이(台)가 합쳐진 한자입니다.

아빠, 저 오늘부터 운동하기로 했어요.

시작(始作)이 반이니까 열심히 해라. 이제야 비로소 우리 민희가 몸짱에 도전하는구나.

필순에 따라 써 보세요	ノ 乄 女 女 女 始 始 始 (총 8획)

始	始	始	始	始
비로소 시				
始	始	始		

· 原始人(원시인) : 원시 시대나 미개 사회의 야만적인 사람.   **동음이의어**   市(시장 시), 時(때 시)

민을 **신** (亻/人부)

亻 + 言 = 信

사람 인(亻/人)과 말씀 언(言)이 합쳐진 한자로 사람의 말은 믿음이 있어야 한다는 뜻에서 유래된 한자입니다.

친구 사이에는 신의(信義)가 중요한 거야.

그렇지? 난 널 믿어. 그러니까 오늘 내가 받아쓰기 빵점 맞은 거 비밀이다.

필순에 따라 써 보세요 信 亻 亻 信 信 信 信 信 信 (총9획)

信				
믿을 신				

· 信義(신의) : 믿음과 의리.
· 書信(서신) : 편지.

身

몸 신 (身부)

임신한 사람의 옆모습을 본뜬 한자입니다.

신체(身體)만 아니라 마음도 짱이야!

민철인 우리 학교에서 최고의 몸짱이야! 정말 완벽해.

필순에 따라 써 보세요	身 身 身 身 身 身 身 (총7획)

身	身	身	身	身	身
몸 신					
身	身	身			

· 身長(신장) : 사람의 키.
· 身體(신체) : 사람의 몸.

상대·반의어   身(몸 신) ↔ 心(마음 심)

新

새로울 **신** (斤부)

立 + 木 + 斤 = 新

설 립(立)과 뜻을 결정한 나무 목(木)과 도끼 근(斤)이 합쳐진 한자입니다.

누가 새로 산 내 신발에 낙서를 한 거야?

새 신발인 줄 모르고 사람들이 밟을까봐 써놓은 건데…

필순에 따라 써 보세요   新 新 新 立 立 立 辛 辛 亲 新 新 新 新 (총 13획)

新					
새로울 신					

· 新入(신입) : 어떤 모임이나 단체에 새로 들어옴.

神
신 신 (示부)

示 + 申 = 神

신탁의 모양을 본뜬 보일 시(示)와 발음을 결정한 납 신 (申)이 합쳐진 한자입니다.

귀신(鬼神)이 어딨니? 밤에 너만 머리 풀고 안 돌아다니면 돼. 얼마나 무섭다고.

오빠, 귀신이 정말 있을까?

필순에 따라 써 보세요   ﾉ ﾌ ｦ ｦ 示 示 和 和 和 神 (총 10획)

神
신 신

· 鬼神(귀신) : 사람이 죽은 뒤에 남는다고 하는 넋.
· 神童(신동) : 여러 가지 재주와 지혜가 남달리 뛰어난 아이.

동음이의어   信(믿을 신), 身(몸 신), 新(새로울 신)

약할 약 (弓부)

활시위가 오래되어 낡은 모습을 본뜬 한자입니다.

약(弱)한 아이들을 괴롭히는 건 정말 나쁜 짓이야.

맞아. 그러니까 앞으로 나 못살게 굴면 안 돼! 거기다 내가 형이잖아.

정말 형 맞아?

| 필순에 따라 써 보세요 | ㄱ 弓 弓 弓 弱 弱 弱 弱 弱 弱 (총 10획) |

弱				
약할 약				

· 弱小國(약소국) : 경제력이나 군사력 따위가 약하고 작은 나라.

상대·반의어 强(강할 강) ↔ 弱(약할 약)

87

艹 + 樂 = 藥

뜻을 결정한 초두(艹)와 발음을 결정한 즐거울 락(樂)이 합쳐진 한자입니다.

약 약 (艹부)

병원 ✚

아, 아니에요. 엄마.
그냥 약(藥) 먹을 게요.

열이 내리지를 않네. 약으로는
안 되겠다. 엄마랑 병원에 가자.

주사보다는
써도 약이 낫지.

필순에 따라 써 보세요	藥 藥 藥 藥 藥 藥 芀 苬 苬 苬 苬 藥 藥 藥 藥 藥 藥 藥 藥 (총 19획)

藥	藥	藥	藥	藥
약 약				
藥	藥	藥		

· 藥局(약국) : 약사가 의약품을 조제하여 파는 가게.
· 藥草(약초) : 약으로 쓰이는 풀.

재밌는 한자 '樂 (즐거울 락)' 위에 '艹(초두)'를 쓰면 '藥(약 약)'이
되요.

88

월   일   확인:

業
일 **업** (木부)

나무 받침대 위에 복잡하게 늘어 놓고 일을 한다는 뜻에서 유래된 한자입니다.

수진이 아빠 직업(職業)이 청소부시래요.

그래? 정말 고마운 일을 하시는구나. 직업에는 귀천이 없는 법이니까 그런 걸로 친구 놀리면 안 된다.

역시 우리 주인님이야. 히히

필순에 따라 써 보세요	' || ||' ||' ||'' ||'' ||'' ||'' ||'' 业 業 業 (총 13획)			
業	業	業	業	業
일 업				

· **事業**(사업) : 주로 생산과 영리를 목적으로 하는 지속적인 경제 활동.

재밌는 한자   業(일 업)은 원래 악기를 걸어 두는 틀에서 유래된 한자로 나중에 의미가 확장되어 '일', '업무'라는 뜻으로 쓰인 것입니다.

89

1. 학교에서 消火(   )기 사용법을 배웠다.

2. 어머니께서 이번 주에 手術(   )을 받으신다.

3. 始(   )작이 있으면 끝도 있는 법이다.

4. 친구 간에는 항상 信(   )의가 최우선이다.

5. 건강한 身(   )체에 건강한 정신이 깃든다.

6. 神(   )은 정말로 존재하는 것일까?

7. 新入生(   )들이 정말 귀엽다.

8. 弱(   )한 사람들을 보호해 주어야 한다.

9. 병에 걸려 藥(   )을 먹는 것보다 걸리기 전에 조심해야 한다.

10. 직業(   )에는 귀천이 없다.

11. '사라지다' 라는 의미의 한자는?

　　① 今　　　② 線　　　③ 消　　　④ 成

12. '술' 이라고 발음을 하는 한자는?

　　① 術　　　② 成　　　③ 雪　　　④ 計

13. '낡다' 는 뜻과 반대의 뜻을 가진 한자는?

　　① 新　　　② 球　　　③ 部　　　④ 信

14. '신' 의 음을 가진 한자는?

　　① 先　　　② 始　　　③ 神　　　④ 然

15. '신' 의 발음이 나는 한자끼리 짝지워진 것은?

　　① 果, 始　　② 讀, 神　　③ 農, 育　　④ 身, 信

16. '여자 녀' 가 들어있는 한자는?

　　① 學　　　② 始　　　③ 神　　　④ 信

17. 병이 들면 먹는 것은?

　　① 圖　　　② 弱　　　③ 藥　　　④ 樂

18. '나무 목' 이 숨어 있는 한자는?

　　① 語　　　② 弱　　　③ 雪　　　④ 業

19. '강하다' 의 반대되는 한자는?

　　① 軍　　　② 弱　　　③ 藥　　　④ 省

20. '心' 의 상대어는?

　　① 信　　　② 神　　　③ 始　　　④ 身

1. 다음 漢字(한자)의 訓(훈)과 音(음)을 쓰세요.

　　　1) 術 (　　　　　　　　　)

　　　2) 身 (　　　　　　　　　)

　　　3) 新 (　　　　　　　　　)

　　　4) 神 (　　　　　　　　　)

　　　5) 消 (　　　　　　　　　)

　　　6) 信 (　　　　　　　　　)

　　　7) 始 (　　　　　　　　　)

　　　8) 業 (　　　　　　　　　)

　　　9) 弱 (　　　　　　　　　)

　　10) 藥 (　　　　　　　　　)

2. 다음 漢字語(한자어)의 讀音(독음)을 쓰세요.

　　　1) 消火 (　　　　　　　　　)

　　　2) 身長 (　　　　　　　　　)

　　　3) 新入 (　　　　　　　　　)

　　　4) 神堂 (　　　　　　　　　)

　　　5) 學術 (　　　　　　　　　)

6) 自信 (   )

7) 始動 (   )

8) 休業 (   )

9) 韓藥 (   )

10) 弱小國 (   )

3. 다음 물음에 어울리는 한자를 보기에서 골라 번호를 쓰세요.

보기
① 消   ② 術   ③ 始   ④ 信   ⑤ 身
⑥ 新   ⑦ 神   ⑧ 弱   ⑨ 藥   ⑩ 業

1) '다닐 행' 이 숨어 있는 한자는?

2) '오래되다' 라는 뜻과 반대되는 한자는?

3) '마지막' 이라는 뜻과 반대되는 한자는?

4) '정신' 의 뜻과 상대가 되는 한자는?

5) '강하다' 와 반대되는 한자는?

6) '즐거울 락' 이 들어 있는 한자는?

7) '사라지다' 라는 뜻의 한자는?

4. 다음 밑줄 친 말과 뜻이 통하는 漢字(한자)를 보기에서 골라 번호를 쓰세요.

> **보기**
> ① 消　② 術　③ 始　④ 信　⑤ 身
> ⑥ 新　⑦ 神　⑧ 弱　⑨ 藥　⑩ 業

1) 아무나 할 수 없는 재주(　　　)를 가진 사람이 기술자다.

2) 몸(　　)과 마음이 모두 건강해야 어떤 일도 자신 있다.

3) 믿음(　　　)과 사랑, 모두 소중하다.

4) 시작(　　　)과 끝이 일치하는 사람이 드물다.

5) 신(　　)의 존재로 마음의 평안을 얻는 사람이 있다.

6) 새로운(　　　)것이라고 모두 좋은 것은 아니다.

7) 약(　　)국은 그리 일찍 문을 열지 않는다.

8) 일(　　)을 너무 서두르면 실패한다.

9) 강하다고 뽐내지 말고 약(　　　)하다고 비굴하지 마라!

10) 저기 반짝이는 별은 이미 소멸(　　　)된 별일 수 있다.

5. 다음 물음에 알맞은 한자를 쓰세요.

1) '약' 이라고 발음을 하고 '약하다' 의 뜻을 가진 한자는?

2) ‘신’ 이라고 발음을 하고 ‘몸’ 의 뜻을 가진 한자는?

3) ‘술’ 이라고 발음을 하고 ‘재주’ 의 뜻을 가진 한자는?

4) ‘신’ 이라고 발음을 하고 ‘믿다’ 의 뜻을 가진 한자는?

5) ‘업’ 이라고 발음을 하고 ‘일’ 의 뜻을 가진 한자는?

6) ‘소’ 라고 발음을 하고 ‘사라지다’ 의 뜻을 가진 한자는?

7) ‘신’ 이라고 발음을 하고 ‘새로운’ 의 뜻을 가진 한자는?

6. 다음 漢字語(한자어)의 뜻을 쓰세요.

1) 書信 (   )

2) 身長 (   )

3) 新入 (   )

7. 信(믿을 신)을 쓰는 순서에 맞게
각 획에 번호를 쓰세요.

自業自得 (자업자득)

자기가 저지른 일의 과보(果報)를 자기 자신이 받는다는 뜻입니다.

❖ 自:스스로 자, 業:일 업, 自:스스로 자, 得:얻을 득

勇

용감할 용

用

쓸 용

運

움직일 운

音

소리 음

飮

마실 음

意

뜻 의

昨

어제 작

作

지을 작

才

재주 재

戰

싸울 전

월   일   확인:

勇
용감할 용 (力부)

甬 + 力 = 勇

발음을 결정한 길 용(甬)과 뜻을 결정한 힘 력(力)이 합쳐진 한자입니다.

엄마, 전 커서
용감(勇敢)한 군인이 될 거예요.

그래? 그럼 오늘 엄마랑 치과
가는 일 정도는 아무것도 아니겠네.
용기(勇氣)를 내서 출발!

킥킥킥.
딱 걸렸네.

필순에 따라 써 보세요 勇 勇 勇 勇 勇 勇 勇 勇 勇 (총 9획)

勇				
용감할 용				

· 勇氣(용기) : 씩씩하고 굳센 기운.

월   일   확인:

用
쓸 용 (用부)

나무로 짜서 만든 나무 통을 본뜬 한자입니다.

이제 이 장난감들은
소용(所用) 없겠네?

무슨 소리!
한 달만 있으면 예쁜
동생이 태어난다구.
부럽지?

필순에 따라 써 보세요	丿 几 冃 月 用 (총 5획)			
用	用	用	用	用
쓸 용				

· 所用(소용) : 무엇에 쓰임, 또는 무엇에 쓰이는 바.

동음이의어 勇(용감할 용)

99

运 + 軍 = 運

움직일 운 (辶부)

진행과 거리의 뜻을 결정한 착(辶)과 발음을 결정한 군사 군 (軍)이 합쳐진 한자입니다.

오늘부터 운동(運動) 시작 했어요. 얼짱에 몸짱까지 되려면 노력해야죠.

아후, 저 왕자병. 분명히 작심삼일 일 거야.

아침 일찍 어디 갔다 오니?

필순에 따라 써 보세요   運運運尸尸吊吊宣軍軍運運運 (총13획)

運

움직일 운

· 運轉(운전) : 기계나 자동차 따위를 움직여 부림.
· 幸運(행운) : 좋은 운수. 행복한 운수.

6급 II 급수한자

音
소리 음 (音부)

입으로 악기를 불어 소리를 낸다는 뜻에서 유래된 한자입니다.

엄마, 오늘 음악(音樂) 시간에 피리 불었어요.

그래? 그럼 엄마한테도 멋진 피리 연주 좀 들려 줄래?

안 듣는 게 좋을 것 같은데…

필순에 따라 써 보세요	音 音 音 音 音 音 音 音 音 (총 9획)

音				
소리 음				

· 高音(고음) : 높은 소리.

· 讀音(독음) : 1.글 읽는 소리. 2.한자의 음.

동음이의어   飮(마실 음)

101

飮
마실 음 (食부)

食 + 欠 = 飮

입을 크게 벌리고[欠] 음식[食]을 먹고 있는 모습을 본뜬 한자입니다.

여기 레스토랑 음식(飮食)이 아주 맛있대요.

오늘은 당신 생일이니까 맛있는 걸로 골라 봐.

아빠, 난 음료수부터 시켜 주세요.

필순에 따라 써 보세요	ノ ハ 𠆢 𠆢 今 今 刍 刍 刍 刍 刍 飮 飮 (총 13획)

飮

마실 음

· 飮食(음식) : 사람이 먹고 마시는 것. 음식물.

재밌는 한자 입을 크게 벌린 모양인 '欠(하품 흠)' 이 들어간 한자가 또 있었죠? 바로 '歌(노래 가)' !

6급 II 급수한자

意
뜻 의 (心부)

音 + 心 = 意

발음을 결정한 소리 음(音)과 뜻을 결정한 마음 심(心)이 합쳐진 한자입니다.

그래도 회의를 통해 서로 얘기하다 보면 뜻을 하나로 모을 수 있단다.

오늘 학급 회의 시간에 아이들끼리 의견(意見)이 달라 많이 힘들었어요.

엄마는 나의 깊은 뜻을 아실까?

필순에 따라 써 보세요	意 亠 亠 亠 产 产 音 音 音 意 意 意 (총13획)

意
뜻 의

· 意志(의지) : 목적이 뚜렷한 생각. 뜻.
· 合意(합의) : 서로의 의지나 의견이 일치하는 일.

昨
어제 **작** (日부)

日 + 乍 = 昨

뜻을 결정한 날 일(日)과 발음을 결정한 잠깐 사(乍)가 합쳐
진 한자입니다.

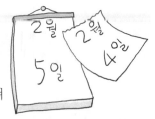

작년(昨年) 달력이
아직 걸려 있네.

어쩐지··· 달력에 미리
생일이라고 써 있어서
오늘 아침에 부랴부랴
미역국 끓였잖아요.

와, 신난다! 올해는
제 생일 두 번 하는 거예요?

필순에 따라 써 보세요   丨 冂 日 日 日' 昨 昨 昨 昨 (총 9획)

昨	昨	昨	昨	昨	昨
어제 작					
昨	昨	昨			

· 昨年(작년) : 지난해.

6급 II급수한자

作
지을 **작** (亻/人부)

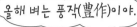
亻 + 乍 = 作

윗도리 모양을 본뜬 한자로 옷을 짓는다[乍]는 뜻에서 유래
되었습니다.

올해 벼는 풍작(豊作)이야.

그러게. 농사 짓는 일이
힘들긴 하지만 추수할 때면
보람을 느끼다니까.

멍멍멍. 오늘
포식하겠는걸!

필순에 따라 써 보세요	亻 亻 亻 作 作 作 作 (총7획)

作					
지을 작					

· 作家(작가) : 문학이나 예술의 창작 활동을 전문으로 하는
사람.

동음이의어 昨(어제 작)

105

월   일   확인:

재주 재 (才부)

땅에 박아 놓은 말뚝의 모양을 본뜬 한자입니다.

너 외우는 재주가 보통이 아니던데?

아무래도 암기하는 데는 천재(天才)적인 소질이 있는 것 같아.

그런데 어떻게 주번인 날은 매번 잊어버리고 지각을 하니?

필순에 따라 써 보세요	ノ 才 才 (총3획)			
才	才		才	才	才
재주 재				
才	才	才		

· **天才(천재)** : 태어날 때부터 갖춘 뛰어난 재주, 또는 그런 재주를 가진 사람.

기억나요? '재주' 라는 뜻을 가진 한자로 術(재주 술) 을 배웠어요. 기억나죠?

6급 II급수한자

戰
싸울 전 (戈부)

單 + 戈 = 戰

창의 모습을 본뜬 한자입니다.

내가 먼저 시작했잖아? 조금만 더 기다려.

너 많이 했으니까 이제 나도 좀 하자. 정말 형 말 안들을래?

또 전쟁(戰爭)이네! 그렇게 계속 싸우면 앞으로 미미 엄마 한다.

주인님, 저도 사양 하고 싶은데요.

필순에 따라 써 보세요

戰 戰 戰 戰 戰 戰 戰 戰 戰 戰 單 單 戰 戰 戰 (총 16획)

戰	戰	戰	戰	戰	戰
싸울 전					

· 戰爭(전쟁) : 국가 또는 교전 단체 사이에 서로 무력을 써서 하는 싸움.

동음이의어   前(앞 전), 全(온전할 전), 電(번개 전)

1. 무슨 일이든 **勇氣**(   )를 가지고 도전하는 사람이 성공한다.

2. 이 나무는 이제 아무 **所用**(   )이 없어졌구나.

3. **運動**(   )은 삶을 활기차게 한다.

4. 아기들도 아름다운 **音**(   )에는 민감하다.

5. 차가운 **飮食**(   )만 좋아해서 큰일이다.

6. 그의 의견에 **同意**(   )합니다.

7. **昨年**(   ) 여름에는 비가 많이 왔다.

8. 영어 **作文**(   )숙제는 너무 어렵다.

9. 너의 **天才**(   )성이 아깝구나.

10. 부상에도 불구하고 월드컵에 **出戰**(   )하였다.

11. 같은 발음이 나는 한자끼리 짝지워진 것은?

① 意, 飮   ② 勇, 音   ③ 勇, 用   ④ 運, 才

12. 나무로 짜서 만든 나무 통을 본뜬 한자는?

① 用   ② 勇   ③ 運   ④ 作

13. '움직이다'는 뜻을 가진 한자는?

① 飮   ② 音   ③ 運   ④ 戰

14. '노래'와 '음악'을 배우는 과목은?

① 音樂   ② 數學   ③ 科學   ④ 語學

15. '마시다'는 뜻을 가진 한자는?

① 飮   ② 音   ③ 運   ④ 意

16. '마음 심'이 들어있는 한자는?

① 意   ② 音   ③ 戰   ④ 作

17. '해'가 들어 있는 한자는?

① 昨   ② 作   ③ 才   ④ 用

18. '작'이라고 발음을 하는 한자는?

① 意   ② 戰   ③ 運   ④ 作

19. '재주'라는 뜻을 가진 한자는?

① 意   ② 才   ③ 作   ④ 音

20. '총으로 싸우거나 주먹으로 때리는 행위'를 말하는 한자는?

① 意   ② 戰   ③ 才   ④ 昨

1. 다음 漢字(한자)의 訓(훈)과 音(음)을 쓰세요.

　　1) 勇 (　　　　　　　)

　　2) 用 (　　　　　　　)

　　3) 運 (　　　　　　　)

　　4) 音 (　　　　　　　)

　　5) 飮 (　　　　　　　)

　　6) 才 (　　　　　　　)

　　7) 作 (　　　　　　　)

　　8) 昨 (　　　　　　　)

　　9) 意 (　　　　　　　)

　　10) 戰 (　　　　　　　)

2. 다음 漢字語(한자어)의 讀音(독음)을 쓰세요.

　　1) 勇氣 (　　　　　　　)

　　2) 信用 (　　　　　　　)

　　3) 運動 (　　　　　　　)

　　4) 音色 (　　　　　　　)

　　5) 飮食 (　　　　　　　)

6) 作家 (   )

7) 昨年 (   )

8) 同意 (   )

9) 學術 (   )

10) 戰車 (   )

3. 다음 한자의 相對語(상대어) 또는 反意語(반의어)를 보기에서 고르세요

1) 反 (   )   ① 班   ② 庭   ③ 正   ④ 半

2) 南 (   )   ① 北   ② 東   ③ 西   ④ 南

3) 大 (   )   ① 少   ② 小   ③ 代   ④ 等

4) 老 (   )   ① 業   ② 急   ③ 成   ④ 少

5) 春 (   )   ① 省   ② 新   ③ 秋   ④ 信

4. 다음 밑줄 친 말과 뜻이 통하는 漢字(한자)를 보기에서 골라 번호를 쓰세요.

보기	①勇	②用	③運	④音	⑤飲
	⑥才	⑦作	⑧昨	⑨意	⑩戰

1) 이 연필은 아직 쓸(　　　　)만 한데?

2) 음(　　　　)악은 내가 제일 좋아 하는 과목이다.

3) 마시고(　　　　) 먹는 것만으로 사람이 되는 것은 아니다.

4) 운(　　　　)동은 인간 활동의 근본이 된다.

5) 정의를 위한 용(　　　　)기가 참 용기이다.

6) 이 단어 뜻(　　　　)이 뭘까?

7) 넌 참 재주(　　　　)가 많은 사람이구나.

8) 친구끼리 싸우는(　　　　)것은 옳지 않다.

9) 어제(　　　　)는 하루 종일 비가 왔다.

10) 작(　　　　)업 시간이 아직 끝나지 않았어.

5. 다음 물음에 알맞은 한자를 쓰세요.

1) '용' 이라고 발음을 하고 '쓰다' 의 뜻을 가진 한자는?

2) '음' 이라고 발음을 하고 '소리' 의 뜻을 가진 한자는?

3) '운' 이라고 발음을 하고 '움직이다' 의 뜻을 가진 한자는?

4) '전' 이라고 발음을 하고 '싸우다' 의 뜻을 가진 한자는?

5) '재' 이라고 발음을 하고 '재주' 의 뜻을 가진 한자는?

6) '작' 라고 발음을 하고 '어제' 의 뜻을 가진 한자는?

7) '작' 이라고 발음을 하고 '짓다' 의 뜻을 가진 한자는?

6. 다음 漢字語(한자어)의 뜻을 쓰세요.
1) 勇氣 (   )
2) 天才 (   )
3) 昨年 (   )

7. 用(쓸 용)을 쓰는 순서에 맞게 각 획에 번호를 쓰세요.

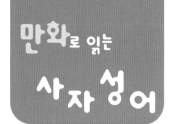

만화로 읽는 사자성어

無用之物 (무용지물)

아무짝에도 쓸데없는 물건이나 사람을 말합니다.

여보, 어제 산 보온 도시락 필요 없게 됐소.

아니 왜요?

회사에서 다음 주부터 사내 식당을 운영하기로 했대요.

저런~ 도시락이 무용지물이 됐네요.

그러게 아무 소용이 없어졌으니…

엄마, 걱정하지 마세요.

제가 오늘 도시락통을 잃어버렸거든요.

❖ 無 : 없을 무, 用 : 쓸 용, 之 : 갈 지, 物 : 물건 물

6급 Ⅱ과정

 庭
뜰 정

 第
차례 제

 題
제목 제

 注
물댈 주

 集
모을 집

 窓
창 창

 淸
맑을 청

 體
몸 체

 表
겉 표

 風
바람 풍

 幸
다행 행

 現
이제/나타날 현

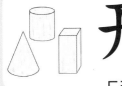 形
드러날 형

 和
화합할 화

 會
모일 회

庭

뜰 정 (广부)

广 + 廷 = 庭

지붕의 모양을 본뜬 엄(广)과 발음을 결정한 조정 정(廷)이 합쳐진 한자입니다.

정원(庭園)에 꽃들이 가지각색이네요?

미리가 친구들하고 정원에 꽃밭 만든다고 한바탕 난리를 쳐서 그래요.

내 놀이터가 엉망이 됐네.

필순에 따라 써 보세요	广 广 广 庐 庐 庭 庭 庭 (총 10획)

庭

뜰 정

· 校庭(교정) : 학교의 운동장.

동음이의어   正(바를 정), 定(정할 정)

第
차례 제 (~부)

竹 + 弟 = 第

대나무 모양을 본뜬 대나무 죽(竹)과 발음과 뜻을 동시에 결정한 아우 제(弟)가 합쳐진 한자입니다.

차례대로 줄 서 보자.
민수가 우리 반에서
제일(第一) 키가 크구나?

선생님, 그래도
미리랑 짝 할 수
있는 거죠?

| 필순에 따라 써 보세요 | 第 第 第 第 第 第 第 笋 笋 第 第 (총11획) |

第				
차례 제				

· 第一(제일) : 여럿 중 첫째가는 것.

재밌는 한자   '弟(아우 제)' 위에 '竹(대나무 죽)'을 쓰면 '第(차례 제)'!

題

제목 제 (頁부)

是 + 頁 = 題

발음을 결정한 옳을 시(是)와 뜻을 결정한 머리 혈(頁)이 합쳐진 한자입니다.

책 읽는구나.
제목(題目)이 뭐니?
설마 또 만화책은
아니겠지?

엄만…〈아낌없이 주는 나무〉라는
책인데요, 다 읽고 제가 이 책의
주제(主題)에 대해 말씀 드릴 게요.

주제 설명이
될라나?

필순에 따라 써 보세요	題 題 題 題 暑 暑 暑 暑 是 是 是 是 題 題 題 題 題 (총 18획)

題	題	題	題	題	題
제목 제					
題	題	題			

· 主題(주제) : 주요한 제목, 또는 중심이 되는 문제.

동음이의어 弟(아우 제), 第(차례 제)

6급ⅠⅠ급수한자

注
물댈 주 (氵/水부)

氵 + 主 = 注

뜻을 결정한 물 수(氵/水)와 발음을 결정한 주인 주(主)가 합쳐진 한자입니다.

기름이 떨어져 가네. 주유소(注油所)에서 기름 넣고 가야 겠다.

오호, 제법인데…

아빠, 제가 나중에 크면 물로 가는 자동차 만들어 드릴 게요.

주유소

OiL OiL OiL

필순에 따라 써 보세요   注注注注注注注注 (총8획)

注				
물댈 주				

· 注目(주목) : 어떤 대상이나 일에 대해 특별히 관심을 가지고 자세히 살핌.

동음이의어   主(주인 주), 住(살 주), 晝(낮 주)

119

모을 집 (隹부)

佳 + 木 = 集

새의 모양을 본뜬 새 추(隹)와 나무 모양을 본뜬 나무 목(木)이 합쳐진 한자입니다.

모두 모였니? 오늘 집회(集會)에는 한 마리도 빠지면 안 되는데…

무슨 일이야?

어제 다른 동네로 이사간 미미네 빼고는 모두 모인 것 같아.

필순에 따라 써 보세요   集 集 集 集 集 集 集 佳 隹 隻 集 集 (총 12획)

集					
모을 집					

· **集會**(집회) : 많은 사람이 일정한 때에 일정한 자리에 모임.

월   일 확인:

窓
창 창 (穴부)

穴 + 悤 = 窓

뜻을 결정한 혈(穴)과 발음을 결정한 총(悤)이 합쳐진 한자입니다.

오늘은 창문(窓門)을 닦아야 겠다. 민규도 엄마 도와 줄 거지?

물론이죠. 제 마음처럼 반짝반짝 깨끗하게 닦을 게요.

필순에 따라 써 보세요	窓窓窓窓窓窓窓窓窓窓窓 (총 11획)		
窓 창 창			

· 窓口(창구) : 1.조그마하게 낸 창.
　　　　　　　 2.외부와의 절충이나 교섭을 담당하는 곳.

월   일   확인:

淸
맑을 청 (氵/水부)

氵 + 靑 = 淸

뜻을 결정한 물 수(氵/水)와 발음을 결정한 청(靑)이 합쳐진 한자입니다.

강물이 너무 깨끗하고 맑아서 물고기들이 다 보여.

정말! 청명(淸明)한 하늘색과 똑같은 것 같아.

거의 내 눈이랑 똑같네.

필순에 따라 써 보세요   淸淸淸淸淸淸淸淸淸淸淸 (총11획)

淸

맑을 청

· 淸明(청명) : 이십사절기의 하나. 춘분(春分)과 곡우(穀雨) 사이로 양력 4월 5, 6일경.

동음이의어   靑(푸를 청)

122

월   일 확인:

몸 체 (骨부)

骨 + 豊 = 體

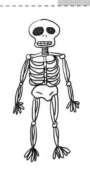

뼈의 모양을 본뜬 뼈 골(骨)과 발음을 결정한 예(豊)가 합쳐
진 한자입니다.

나는 체육(體育) 시간이 제일 좋아.

나도 몸을 신나게 움직일 수
있는 체육 시간이 정말 좋아.

필순에 따라 써 보세요	冂 冂 冃 骨 骨 骨 骨 骨 骨 骨 骨 骨 體 體 體 體 體 體 體 體 (총 23획)

體	體	體	體	體	體
몸 체					

· 體育(체육) : 건강한 몸과 온전한 운동 능력을 기르는 일,
또는 그것을 목적으로 하는 교육.

겉 **표** (衣부)

衣 + 毛 = 表

옷 모양을 본뜬 의(衣)와 털 모양인 모(毛)가 합쳐진 한자입니다.

난 내 마음을 다른 사람한테 말로 표현(表現)하는 게 너무 어려워. 좋은 방법이 없을까?

그럼 편지나 그림으로 표현해 봐. 말보다 훨씬 더 멋질 걸!

필순에 따라 써 보세요 衣 表 表 表 表 表 表 表 (총8획)

表

겉 표

· 表示(표시) : 겉으로 드러내어 보임.
· **表面** (표면) : 겉으로 드러난 면.

124

월   일 확인:

風
바람 풍 (風부)

凡 + 虫 = 風

돛 모양을 본뜬 무릇 범(凡)과 발음을 결정한 벌레 충(虫)이 합쳐진 한자입니다.

풍차(風車)가 어떻게 움직이는지 알아?

와, 똑똑하네.

물론 바람의 힘으로 움직이는 거지. 바람으로 전기를 일으킨다니 대단하지?

필순에 따라 써 보세요 丿 几 凡 凡 凤 凤 風 風 風 (총 9획)

風				
바람 풍				

· 風車(풍차) : 바람의 힘을 이용하여 동력을 얻는 기계 장치.
· 風聞(풍문) : 바람처럼 떠도는 소문.

幸
다행 행 (干부)

수갑 모양을 본뜬 한자로 수갑을 차는 상황에서 벗어났다는
뜻에서 '행운'이라는 뜻이 결정되었습니다.

다행히 지나가는 차가 없어서
미미도 무사했어요.

그만하기 정말 다행(多幸)이다.
정말 큰일날 뻔 했어.

필순에 따라 써 보세요	幸 幸 幸 幸 幸 幸 幸 幸 (총8획)				
幸	幸	幸	幸	幸	幸
다행 행					
	幸	幸			

· 多幸(다행) : 일이 뜻밖에 잘 되어 좋음.

동음이의어 行(행할 행)

· 不幸(불행) : 행복하지 않음.

월   일 확인:

現
이제/나타날 **현** (王/玉부)

王(玉) + 見 = 現

뜻을 결정한 옥(玉)과 발음을 결정한 견(見)이 합쳐진 한자입니다.

현재(現在) 우리가 할 일은 밖으로 나가 미미를 찾아 보는 거야.

맞아. 길을 잃어버렸을지도 모르는데 나타날 때까지 그냥 기다릴 순 없어.

미미야, 도대체 어딨니?

필순에 따라 써 보세요	現 現 現 現 現 現 現 現 現 現 現 (총11획)			
現				
이제/나타날 현				

· 現在(현재) : 이제. 지금.

월   일   확인:

形
드러날 **형** (彡부)

开 + 彡 = 形

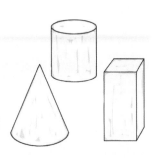

발음을 결정한 견(开)과 빛이 드러나는 모습을 본뜬 삼(彡)이 합쳐진 한자입니다.

저거 말하는 거야? 아휴, 이 겁쟁이. 저건 석고상 이잖아. 우리 형이 뎃생 공부할 때 쓰는 거야.

저게 뭐야? 형체(形體)가 이상하게 생겼어.

휴우-. 나도 십년감수했네.

필순에 따라 써 보세요	形 亍 于 开 形 形 形 (총 7획)				
形					
드러날 형					

· 形體(형체) : 사물의 모양과 바탕. 물건의 외형.

· 形式(형식) : 1.겉모양. 외형. 2.격식이나 절차.

동음이의어 兄(형 형)

6급 II급수한자

和

화합할 화 (口부)

禾 + 口 = 和

대나무를 엮어 만든 피리 모양의 악기를 본뜬 한자입니다.

우리 집처럼 화목(和睦)한 집도 없을 거야. 그렇죠, 아빠?

그럼. 우리 미리가 이렇게 사고만 치지 않으면 정말 화목한 가정이지.

그러면 그렇지. 조용한 날이 없다니까.

필순에 따라 써 보세요	一 二 千 禾 禾 禾 和 和 (총8획)

和	和	和	和	和	和
화합할 화					

· 和睦(화목) : 뜻이 맞고 정다움.

· 和答(화답) : 시나 노래로 맞받아 답함.

동음이의어 火(불 화), 花(꽃 화), 話(말씀 화), 畵(그림 화)

129

모일 회 (日부)

스 + 曽 = 會

뚜껑을 닫은 그릇 모양을 본뜬 한자입니다.

괜찮아요. 아직 애들도 안 왔어요. 내일 가는 소풍 때문에 학급회의 한대요.

배고픈데 빨리 오지. 꼬르륵~

미안해. 사람들 모이는데 시간이 오래 걸려 회의(會議)가 늦게 끝났어.

| 필순에 따라 써 보세요 | ノ 會 會 會 會 會 會 會 會 會 會 會 會 (총 13획) |

會	會	會	會	會	會
모일 회					
	會	會	會		

· 會話 (회화) : 1.서로 만나서 이야기함.
　　　　　　　2.외국어로 이야기함.

130

1. 5월은 家庭(   )의 달이다.

2. 第(   )1장의 내용을 파악하고 있니?

3. 이 글의 主題(   )는 무엇인가?

4. 注入(   )식 교육에는 한계가 있다.

5. 이곳으로 빨리 集(   )합! 놀이 동산으로 출발!

6. 窓(   ) 너머 보이는 산이 그림처럼 보인다.

7. 淸明(   )한 하늘이 가을을 느끼게 한다.

8. 건강한 身體(   )에 건강한 마음이 깃든다.

9. 表紙(   )를 보면 책의 내용을 짐작할 수 있다.

10. 봄 消風(   )이 기다려진다.

11. 노력하면 幸運(   )도 따른다.

12. 비만은 現代人(   )의 건강을 위협한다.

13. 이 물건의 形體(   )로 보아 오래된 골동품인 듯하다.

14. 平和(   )는 온 인류가 원하는 것이다.

15. 이번 集會(   )엔 네가 꼭 참석해야 한다.

16. '뜰' 의 뜻을 가진 한자는?

　　① 庭　　　② 正　　　③ 花　　　④ 林

17. '차례' 의 뜻을 가진 한자는?

　　① 書　　　② 短　　　③ 第　　　④ 窓

18. '제목' 의 뜻을 가진 한자는?

　　① 才　　　② 神　　　③ 書　　　④ 題

19. '물 수' 가 숨어 있는 한자는?

　　① 音　　　② 注　　　③ 科　　　④ 語

20. 새가 나무위에 모여 있는 모습을 본뜬 한자는?

　　① 庭　　　② 表　　　③ 風　　　④ 集

21. '마음 심' 이 들어있는 한자는?

　　① 庭　　　② 注　　　③ 戰　　　④ 窓

22. '맑다' 라는 뜻을 가진 한자는?

　　① 淸　　　② 靑　　　③ 白　　　④ 色

23. '몸' 의 뜻을 가진 한자는?

　　① 淸　　　② 體　　　③ 現　　　④ 幸

24. '안쪽' 의 뜻과 반대되는 한자는?

　　① 幸　　　② 表　　　③ 集　　　④ 體

25. '날씨' 와 관련이 있는 한자는?

　　① 淸　　　② 表　　　③ 集　　　④ 體

26. '행'의 발음을 가진 한자는?

    ① 淸   ② 體   ③ 幸   ④ 表

27. 사람의 눈 모습이 들어 있는 한자는?

    ① 現   ② 幸   ③ 和   ④ 形

28. '지금', 또는 '드러나다'의 뜻을 가진 한자는?

    ① 公   ② 現   ③ 和   ④ 書

29. '입 구'가 결합된 한자는?

    ① 用   ② 現   ③ 和   ④ 書

30. '모양'의 뜻을 가진 한자는?

    ① 兄   ② 現   ③ 和   ④ 形

1. 다음 漢字(한자)의 訓(훈)과 音(음)을 쓰세요.

1) 注 (　　　　　　　)

2) 第 (　　　　　　　)

3) 題 (　　　　　　　)

4) 集 (　　　　　　　)

5) 窓 (　　　　　　　)

6) 庭 (　　　　　　　)

7) 表 (　　　　　　　)

8) 風 (　　　　　　　)

9) 淸 (　　　　　　　)

10) 體 (　　　　　　　)

11) 幸 (　　　　　　　)

12) 現 (　　　　　　　)

13) 形 (　　　　　　　)

14) 和 (　　　　　　　)

15) 會 (　　　　　　　)

2. 다음 漢字語(한자어)의 讀音(독음)을 쓰세요.

1) 注意 (　　　　　　　)

2) 第一 (　　　　　　　)

3) 出題 (　　　　　　　)

4) 集計 (　　　　　　　　)

5) 窓口 (　　　　　　　　)

6) 校庭 (　　　　　　　　)

7) 代表 (　　　　　　　　)

8) 風聞 (　　　　　　　　)

9) 淸風 (　　　　　　　　)

10) 體力 (　　　　　　　　)

11) 不幸 (　　　　　　　　)

12) 現代 (　　　　　　　　)

13) 地形 (　　　　　　　　)

14) 平和 (　　　　　　　　)

15) 國會 (　　　　　　　　)

3. 다음 밑줄 친 말과 뜻이 통하는 漢字(한자)를 보기에서 골라 번호를 쓰세요.

보기　①庭　②第　③題　④注　⑤集
　　　⑥窓　⑦淸　⑧體　⑨表　⑩風

1) 뜰(　　　　)에는 아직도 가을 바람이 부는 듯하다.

2) 창(　　　　)문 너머 먼 산이 바로 설악산이다.

3) 하늘에서 구멍이 뚫려 물을 들이 붓듯(　　　　)한다.

4) 제(　　　)1과부터 공부하자.

5) 기러기는 언제나 모여서(　　　)생활한다.

6) 이 책의 제목(　　　)이 뭔지 아니?

7) 맑은(　　　)하늘은 가을의 상징이다.

8) 겉(　　　)으로 드러난 것 만이 전부는 아니다.

9) 바람(　　　)이 너무 심하게 분다.

10) 체(　　　)육 시간에 축구는 너무 재미있다.

4. 다음 물음에 알맞은 한자를 쓰세요.

1) '창' 이라고 발음을 하고 '창문' 의 뜻을 가진 한자는?

2) '주' 라고 발음을 하고 '물대다' 의 뜻을 가진 한자는?

3) '정' 이라고 발음을 하고 '뜰' 의 뜻을 가진 한자는?

4) '제' 라고 발음을 하고 '차례' 의 뜻을 가진 한자는?

5) '집' 이라고 발음을 하고 '모으다' 의 뜻을 가진 한자는?

6) '청' 이라고 발음을 하고 '맑다' 의 뜻을 가진 한자는?

7) '행' 이라고 발음을 하고 '다행' 의 뜻을 가진 한자는?

8) '풍' 이라고 발음을 하고 '바람' 의 뜻을 가진 한자는?

9) '화' 라고 발음을 하고 '화합, 조화' 의 뜻을 가진 한자는?

10) '현' 이라고 발음을 하고 '드러나다, 이제' 의 뜻을 가진 한자는?

11) '형' 이라고 발음을 하고 '모양' 의 뜻을 가진 한자는?

5. 다음 漢字語(한자어)의 뜻을 쓰세요.

1) 校庭 (　　　　　　　　　　　　　　　)

2) 風聞 (　　　　　　　　　　　　　　　)

3) 形體 (　　　　　　　　　　　　　　　)

6. 다음 ( )안에 들어갈 漢字(한자)를 〈보기〉에서 찾아 번호를 쓰세요

보기　　①各　　②體　　③作　　④身　　⑤等

1) (　　　　)土不二 : 몸과 땅은 둘이 아니다. 즉, 자신이 사는 땅에서 나는
　　　　　　　　　　　것이 몸에 좋다

2) (　　　　)心三日 : 결심이 사흘을 지나지 못함. 즉, 결심이 굳지 못하여
　　　　　　　　　　　흐지부지됨

3) (　　　)人(　　　　　)色 : 사람마다의 각가지 모양

4) 一心同(　　　　) : 하나로 합친 마음과 같은 몸. 즉, 둘 이상의 사람이 굳게 뭉침

5) 男女平(　　　　　) : 남자와 여자는 차별없이 평등함

7. 注(물댈 주)를 쓰는 순서에 맞게 각 획에
　번호를 쓰세요.

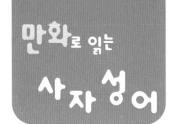

馬耳東風 (마이동풍)

말의 귀에 동풍이 불어도 말은 아랑곳하지 않는다는 뜻으로 남의 말을 귀담아 듣지 않고 흘려 버림을 이르는 말입니다.

❖ 馬:말 마, 耳:귀 이, 東:동녘 동, 風:바람 풍

◯ 다음 漢字語(한자어)의 讀音(독음)을 쓰세요.(1~30)

〈보기〉漢字 → 한자

1. 孝道 ⇨   2. 同生 ⇨

3. 出入 ⇨   4. 夕食 ⇨

5. 電氣 ⇨   6. 登山 ⇨

7. 代身 ⇨   8. 長短 ⇨

9. 有利 ⇨   10. 讀書 ⇨

11. 新入 ⇨   12. 科學 ⇨

13. 地球 ⇨   14. 外部 ⇨

15. 運動 ⇨   16. 手術 ⇨

17. 表現 ⇨   18. 成功 ⇨

19. 昨年 ⇨   20. 消風 ⇨

21. 集會 ⇨   22. 會社 ⇨

23. 地形 ⇨   24. 計算 ⇨

25. 飲食 ⇨   26. 作用 ⇨

27. 勇氣 ⇨   28. 國軍 ⇨

29. 校庭 ⇨   30. 體力 ⇨

● 다음 漢字語(한자어)의 訓(훈)과 音(음)을 쓰세요.(31~70)

<보기> 字 → 글자 자

31. 童 ⇨   32. 理 ⇨

33. 靑 ⇨   34. 明 ⇨

35. 聞 ⇨   36. 高 ⇨

37. 圖 ⇨   38. 旗 ⇨

39. 答 ⇨   40. 角 ⇨

41. 計 ⇨   42. 等 ⇨

43. 樂 ⇨   44. 歌 ⇨

45. 植 ⇨   46. 部 ⇨

47. 花 ⇨   48. 漢 ⇨

49. 體 ⇨   50. 力 ⇨

51. 春 ⇨   52. 科 ⇨

53. 神 ⇨   54. 孝 ⇨

55. 所 ⇨   56. 球 ⇨

57. 萬 ⇨   58. 母 ⇨

59. 弱 ⇨   60. 來 ⇨

61. 藥 ⇨

62. 消 ⇨

63. 術 ⇨

64. 代 ⇨

65. 半 ⇨

66. 班 ⇨

67. 短 ⇨

68. 讀 ⇨

69. 對 ⇨

70. 各 ⇨

● **다음 밑줄 친 단어에 알맞은 漢字語(한자어)를 쓰세요.(71~80)**

71. <u>안전</u>(　　　　　)이 가장 중요하다.

72. 이 로봇은 <u>자동</u>(　　　　　)으로 움직인다.

73. 봄이면 <u>농사</u>(　　　　　)가 시작된다.

74. 우리 할아버지께서는 <u>평생</u>(　　　　　)농사를 지으셨다.

75. 우리 이모는 멋있는 <u>여군</u>(　　　　　)이다.

76. 공부는 <u>묻고 답하는</u>(　　　　　)것에서부터 시작된다.

77. 구름이 몰려들자 바다는 짙은 <u>청색</u>(　　　　　)으로 물들었다.

78. <u>봄, 여름, 가을, 겨울</u>(　　　　　)사철 언제나 감기가 걸린다.

79. <u>활기</u>(　　　　　)넘치는 생활이 건강을 유지하게 한다.

80. <u>휴지</u>(　　　　　)를 너무 낭비하지 마라.

다음 한자의 相對語(상대어) 또는 反意語(반의어)를 보기에서 고르세요.(81~90)

〈보기〉	①秋	②小	③母	④心	⑤左
	⑥女	⑦外	⑧長	⑨弟	⑩入

81. 春 ⇨

82. 男 ⇨

83. 右 ⇨

84. 身 ⇨

85. 短 ⇨

86. 出 ⇨

87. 大 ⇨

88. 內 ⇨

89. 兄 ⇨

90. 父 ⇨

다음 漢字語(한자어)의 뜻을 쓰세요.(91~97)

91. 對話

92. 所聞

93. 同意

94. 地形

다음 ( )안에 들어갈 漢字(한자)를 〈보기〉에서 찾아 번호를 쓰세요.

<보기>　①教　②校　③口　④動　⑤東

95. 학(　　　) 운동회에 많은 동네사람들이 모여들었다.

96. 일(　　　)이언 : 한 입으로 두 말을 한다는 뜻, 말을 이랬다 저랬다 함을 말

한다.

97. 이 문은 사람이 다가오면 자(　　　)으로 열린다

● 다음 漢子(한자)의 필순을 알아보세요.(98~100)

98. 幸(다행 행)을 쓰는 순서에 맞게 각 획에 번호를 쓰세요

99. 樂 (즐거울 락)자에서 화살표가 있는 획은 몇 번째로 쓰나요?

100. 讀 (읽을 독)자에서 화살표가 있는 획은 몇 번째로 쓰나요?

부록

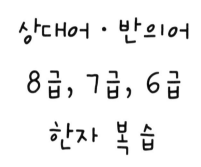

상대어 · 반의어
8급, 7급, 6급
한자 복습

◉ 다음 상대 · 반의어를 읽고, 바르게 따라 써 보세요.

손 수 手 ← → 足 발 족	손과 발	手足
윗 상 上 ← → 下 아래 하	위와 아래	上下
안 내 內 ← → 外 바깥 외	안과 밖	內外
늙을 로 老 ← → 少 젊을 소	늙음과 젊음	老少
물을 문 問 ← → 答 대답 답	물음과 대답	問答
마음 심 心 ← → 身 몸 신	마음과 몸	心身
화합할 화 和 ← → 戰 싸울 전	화합과 싸움	和戰
먼저 선 先 ← → 後 뒤 후	먼저와 나중	先後
길 장 長 ← → 短 짧을 단	길고 짧음	長短
앞 전 前 ← → 後 뒤 후	앞과 뒤	前後
형 형 兄 ← → 弟 아우 제	형과 아우	兄弟
날 출 出 ← → 入 들 입	나가고 들어옴	出入
하늘 천 天 ← → 地 땅 지	하늘과 땅	天地
왼 좌 左 ← → 右 오른쪽 우	왼쪽과 오른쪽	左右

8급 한자 복습

필순에 따라 한자를 써 보세요.

月							
달 월							

月 – 총 4획	丿 刀 月 月

· 月出(월출), 月末(월말)

火							
불 화							

火 – 총 4획	丶 丷 火 火

· 火山(화산), 火災(화재)

水							
물 수							

水 – 총 4획	丨 氺 氺 水

· 水道(수도), 水軍(수군)

木							
나무 목							

木 – 총 4획	一 十 才 木

· 木材(목재), 木手(목수)

金							
쇠 금							

金 – 총 8획	丿 人 스 合 全 余 金 金

· 金冠(금관), 年金(연금)

필순에 따라 한자를 써 보세요.

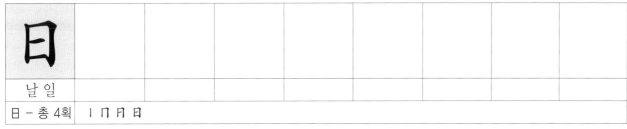

土
흙 토
土 - 총 3획   一 十 土

· 土木(토목), 土地(토지)

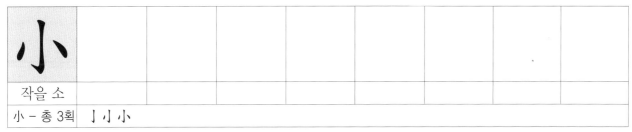

日
날 일
日 - 총 4획   丨 冂 月 日

· 日記(일기), 日出(일출)

小
작을 소
小 - 총 3획   亅 丿 小

상대 · 반의어 : 大(큰 대)

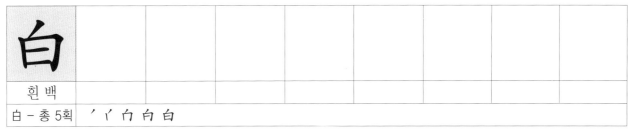

白
흰 백
白 - 총 5획   丿 亻 白 白 白

동음이의어 : 百(일백 백)

山
뫼 산
山 - 총 3획   丨 山 山

· 山林(산림), 山水(산수)

필순에 따라 한자를 써 보세요.

一							
한 일							
一 - 총 1획	一						

· 一年(일년), 一生(일생)

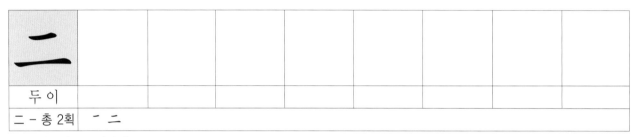

二							
두 이							
二 - 총 2획	一 二						

· 二十(이십), 二世(이세)

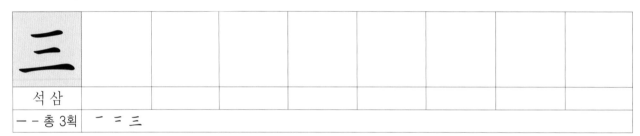

三							
석 삼							
一 - 총 3획	一 二 三						

· 三寸(삼촌), 三國(삼국)

四							
넉 사							
口 - 총 5획	丨 冂 冂 四 四						

· 四方(사방), 四寸(사촌)

五							
다섯 오							
二 - 총 4획	一 丁 五 五						

· 五感(오감), 五行(오행)

8급 한자 복습

필순에 따라 한자를 써 보세요.

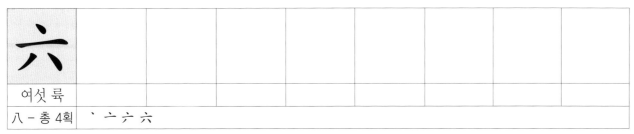

· 五六(오륙), 六日(육일)

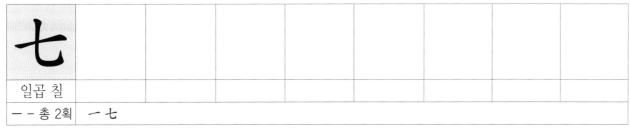

· 七夕(칠석), 七星(칠성)

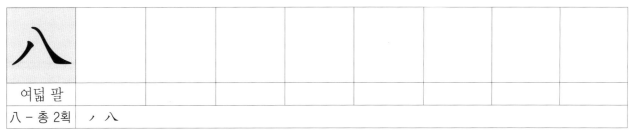

· 八道(팔도), 八月(팔월)

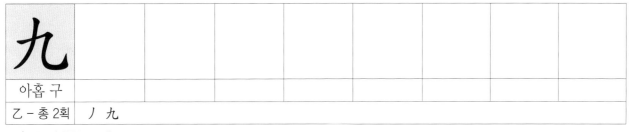

· 九死一生(구사일생)

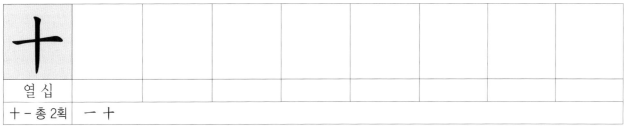

· 十月(시월), 十中八九(십중팔구)

필순에 따라 한자를 써 보세요.

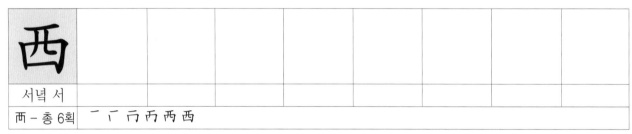

東								
동녘 동								
木 – 총 8획	` ⺅ ⼎ ⽥ 曰 申 東 東							

· 東海(동해), 東大門(동대문)

西								
서녘 서								
西 – 총 6획	一 ⼐ 兀 丙 西 西							

· 西洋(서양), 西山(서산)

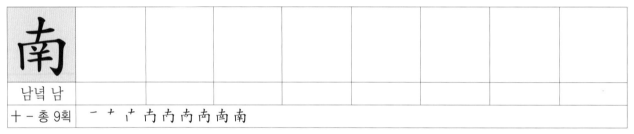

南								
남녘 남								
十 – 총 9획	一 ⼗ ⼎ 冂 内 内 南 南 南							

상대 · 반의어 : 北 (북녘 북)

北								
북녘 북/달아날 배								
匕 – 총 5획	⼁ ⺅ ⺀ ⽮ 北							

상대 · 반의어 : 南 (남녘 남)

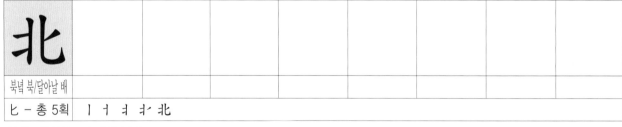

大								
큰 대								
大 – 총 3획	一 ナ 大							

상대 · 반의어 : 小 (작을 소)

필순에 따라 한자를 써 보세요.

韓							
한국/나라 한							
韋 – 총 17획	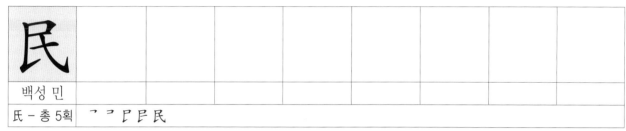						

· 韓國(한국)

民							
백성 민							
氏 – 총 5획							

· 民主(민주), 民心(민심)

國							
나라 국							
囗 – 총 11획	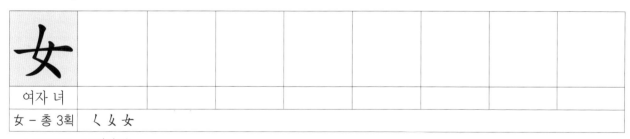						

· 國民(국민), 國家(국가)

女							
여자 녀							
女 – 총 3획	〈 夂 女						

· 女王(여왕), 女軍(여군)

軍							
군사 군							
車 – 총 9획	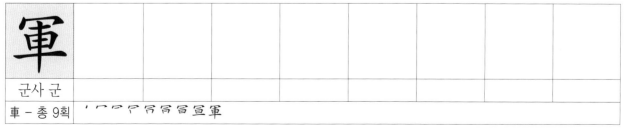						

· 軍人(군인), 軍歌(군가)

월   일 확인:

필순에 따라 한자를 써 보세요.

父							
아비 부							
父 – 총 4획	㇓ ㇒ ㇉ 父						

· 父母(부모), 父子(부자)

母							
어미 모							
母 – 총 5획	㇄ 夕 夕 丹 母						

· 母女(모녀)　　　　· 상대 · 반의어 : 父(아비 부)

兄							
형 형							
儿 – 총 5획	㇔ ㇑ 口 尸 兄						

· 兄弟(형제), 兄夫(형부)

弟							
아우 제							
弓 – 총 7획	㇔ ㇜ ㇒ 믜 믕 弟 弟						

· 弟子(제자)　　　　· 상대 · 반의어 : 兄(형 형)

外							
바깥 외							
夕 – 총 5획	㇒ 夕 夕 列 外						

· 外國(외국)　　　　· 상대 · 반의어 : 內(안 내)

필순에 따라 한자를 써 보세요.

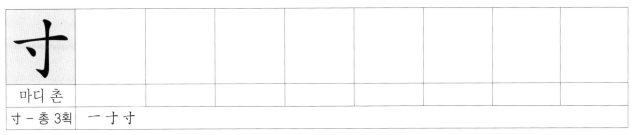

寸								
마디 촌								
寸 – 총 3획	一 十 寸							

· 外三寸(외삼촌)

萬								
일만 만								
艹 – 총 13획	艹 艹 芍 芍 芍 萬 萬 萬							

· 萬人(만인), 萬百姓(만백성)

人								
사람 인								
人 – 총 2획	丿 人							

· 人口(인구), 人間(인간)

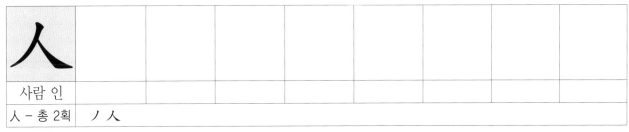

靑								
푸를 청								
靑 – 총 8획	一 二 丰 主 丰 靑 靑 靑							

· 靑年(정년), 靑山(청산)

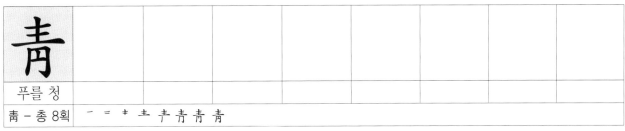

年								
해 년								
干 – 총 6획	丿 ト ヒ ヒ 午 年							

· 少年(소년), 生年月日(생년월일)

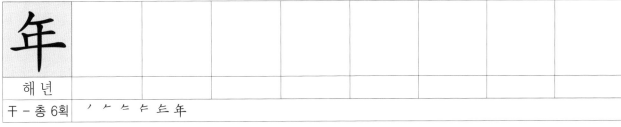

필순에 따라 한자를 써 보세요.

學								
배울 학								
子 – 총 16획	` `` ` `` `` `` `` `` `` `` `` `` 學 學 學							

· 學生(학생)　　　　　· 상대 · 반의어 : 敎(가르칠 교)

校								
학교 교								
木 – 총 10획	一 十 才 木 札 杧 柸 栌 栌 校							

· 學校(학교), 校長(교장)

長								
길 장								
長 – 총 8획	｜ ｢ ｢ ｢ 토 토 長 長							

· 校長(교장), 長男(장남)

敎								
가르칠 교								
攵(攴) – 총11획	ノ メ ナ 耂 考 耂 考 孝 敎 敎 敎							

· 敎育(교육)

室								
집 실								
宀 – 총 9획	` ` 宀 宁 宕 空 宰 室 室							

· 敎室(교실)

필순에 따라 한자를 써 보세요.

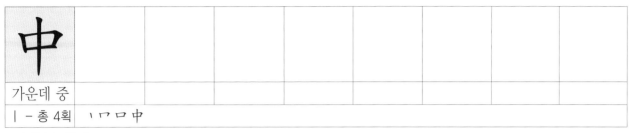

· 中學生(중학생)

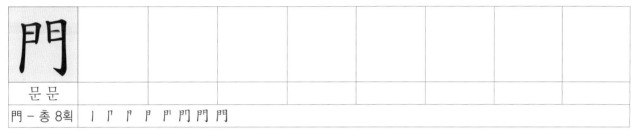

· 大門(대문)

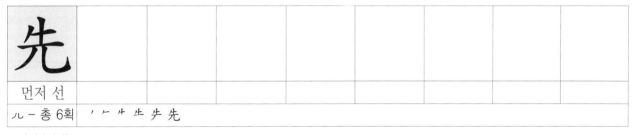

· 先生(선생)

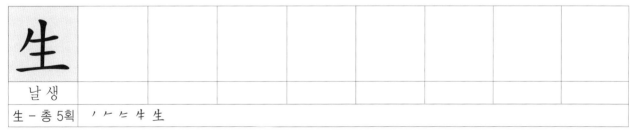

· 生水(생수)

王

임금 왕

玉 - 총 4획   一 二 千 王

· 王國(왕국), 王子(왕자)

필순에 따라 한자를 써 보세요.

天								
하늘 천								
大 - 총 4획 一 二 チ 天								

· 天國(천국)   · 상대 · 반의어 : 地(땅 지)

地								
땅 지								
土 - 총 6획 一 十 土 坦 地 地								

· 地球(지구)   · 동음이의어 : 紙(종이 지)   · 상대 · 반의어 : 天(하늘 천)

川								
내 천								
巛 - 총 3획 丿 丿 川								

· 淸溪川(청계천)   · 동음이의어 : 天(하늘 천), 千(일천 천)

林								
수풀 림								
木 - 총 8획 一 十 オ 木 木 村 村 林								

· 山林(산림)

江								
강 강								
氵 - 총 6획 丶 丶 氵 汀 江 江								

· 漢江(한강)   · 동음이의어 : 强(강할 강)

필순에 따라 한자를 써 보세요.

海					
바다 해					

氵- 총 10획 丶 丶 冫 氵 汒 汢 海 海 海 海

· 海水浴場(해수욕장)　　　　· 유의어 : 洋(큰바다 양)

村					
마을 촌					

木 - 총 7획 一 十 才 木 村 村 村

· 江村(강촌)　　　　· 동음이의어 : 寸(마디 촌)

草					
풀 초					

艹-총 10획 一 艹 艹 艹 苎 苩 苩 苩 草 草

· 水草(수초)

道					
길 도					

辶 - 총 13획 丶 丷 丷 丷 首 首 首 首 首 道 道 道

· 道路(도로)　　　　· 동음이의어 : 度(법도 도), 圖(그림 도)

市					
저자 시					

巾 - 총 5획 丶 亠 宀 市 市

· 市内(시내)　　　　· 동음이의어 : 始(비로소 시), 時(때 시)

필순에 따라 한자를 써 보세요.

工							
장인 공							
工 – 총 3획	一 丁 工						

· 工具(공구)　　　　　　　· 동음이의어 : 空(빌 공), 公(공평할 공), 共(한가지 공), 功(공 공)

場							
마당 장							
土 – 총 12획	一 十 土 圹 圬 坦 坦 埸 場 場 場						

· 工場(공장)　　　　　　　· 동음이의어 : 長(길 장)

手							
손 수							
手 – 총 4획	一 二 三 手						

· 手足(수족)　　　　· 동음이의어 : 水(물 수), 數(셈 수), 樹(나무 수)　　　· 상대 · 반의어 : 足(발 족)

車							
수레 거/차							
車 – 총 7획	一 冂 冂 閂 百 亘 車						

· 自動車(자동차)

左							
왼 좌							
工 – 총 5획	一 ナ 大 左 左						

· 左側通行(좌측통행)　　　　　· 상대 · 반의어 : 右(오른쪽 우)

필순에 따라 한자를 써 보세요.

右								
오른쪽 우								
口 - 총 5획	ノ ナ ナ ケ 右 右							

· 左右(좌우)   · 상대 · 반의어 : 左(왼 좌)

直								
곧을 직								
目 - 총 8획	一 十 十 古 古 古 首 直							

· 直立(직립)   · 유의어 : 正(바를 정)

正								
바를 정								
止 - 총 5획	一 丁 下 正 正							

正門(정문)   · 동음이의어 : 定(정할 정)

動								
움직일 동								
力 - 총 11획	一 二 千 千 盲 盲 盲 重 重 動 動							

· 運動(운동)   · 동음이의어 : 冬(겨울 동), 同(한가지 동), 東(동녘 동), 洞(골 동), 童(아이 농)

命								
목숨 명								
口 - 총 8획	ノ 人 人 合 合 命 命 命							

· 命令(명령)   · 동음이의어 : 名(이름 명), 明(밝을 명)

필순에 따라 한자를 써 보세요.

便							
똥,오줌 변/편할 편							
亻 – 총 9획	ノ イ 仁 仁 佢 佢 佢 便 便						

· 便宜店(편의점)

所							
바 소							
戶 – 총 8획	丶 ゝ ⺕ ⼾ ⼾ 所 所 所						

· 便所(변소)   · 동음이의어 : 小(작을 소), 少(적을 소), 消(사라질 소)

前							
앞 전							
⼑ – 총 9획	丶 丷 ゛ 广 广 前 前 前 前						

· 前後(전후)   · 동음이의어 : 全(온전할 전), 戰(싸움 전), 電(번개 전)

後							
뒤 후							
彳 – 총 9획	ノ ゟ 彳 彳 袢 袢 袳 後 後						

· 後門(후문)   · 상대 · 반의어 : 前(앞 전)

出							
날 출							
凵 – 총 5획	丨 屮 屮 出 出						

· 出入(출입)   · 상대 · 반의어 : 入(들 입)

월   일 확인:

필순에 따라 한자를 써 보세요.

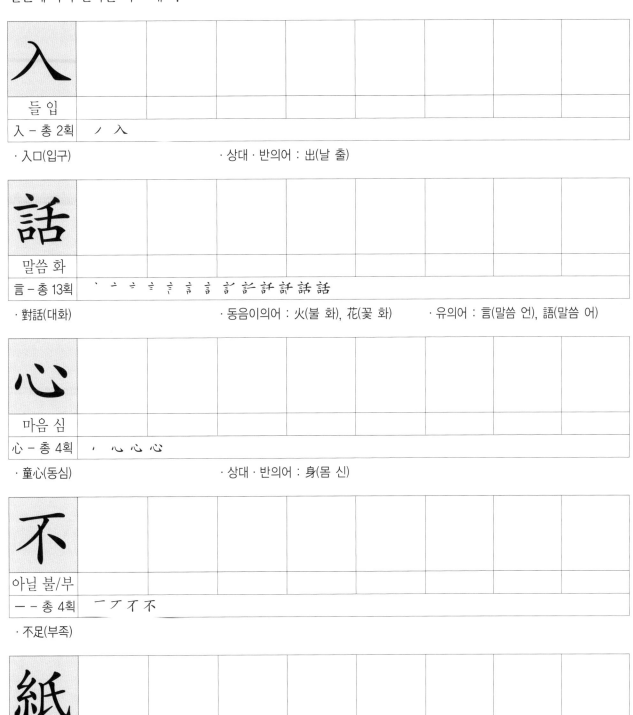

入						
들 입						
入 – 총 2획	ノ 入					

· 入口(입구)　　　　　　　· 상대 · 반의어 : 出(날 출)

話						
말씀 화						
言 – 총 13획	﹅ 亠 亠 亖 言 言 訂 訂 話 話 話					

· 對話(대화)　　　　　· 동음이의어 : 火(불 화), 花(꽃 화)　　　· 유의어 : 言(말씀 언), 語(말씀 어)

心						
마음 심						
心 – 총 4획	﹅ 心 心 心					

· 童心(동심)　　　　　　　· 상대 · 반의어 : 身(몸 신)

不						
아닐 불/부						
一 – 총 4획	一 ア 不 不					

· 不足(부족)

紙						
종이 지						
糸 – 총 10획	﹅ ﹅ 幺 幺 糸 糸 紅 紅 紅 紙					

· 休紙(휴지)　　　　　　　· 동음이의어 : 地(땅 지)

필순에 따라 한자를 써 보세요.

少						
적을/젊을 소						
小 – 총 4획	╵ ⺌ 小 少					

· 多少(다소)   · 상대 · 반의어 : 多(많을 다), 老(늙을 로)

時						
때 시						
日 – 총 10획	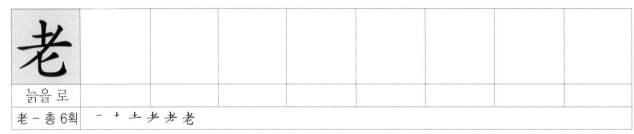					

· 時間(시간)   · 동음이의어 : 市(시장 시), 始(비로소 시)

老						
늙을 로						
老 – 총 6획	⼀ ⼗ ⼟ ⼿ 耂 老					

· 敬老(경로)   · 상대 · 반의어 : 少(젊을 소)

口						
입 구						
口 – 총 3획	╵ 冂 口					

· 入口(입구)   · 동음이의어 : 九(아홉 구), 區(구분할 구), 球(공 구)

每						
매양 매						
毋 – 총 7획	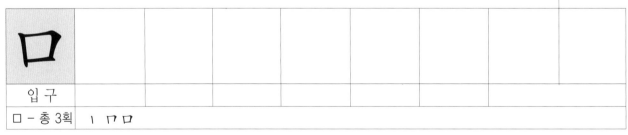					

· 每年(매년)

월   일 확인: ─ ─ ─ ─ ─ ─ ─ ─ ─ ─ ─ ─ ─ ─ ─

필순에 따라 한자를 써 보세요.

食 밥/먹을 식
食 – 총 9획   ﾉ 人 𠆢 今 今 今 飠 食 食

· 食事(식사)   · 동음이의어 : 式(법 식), 植(심을 식)

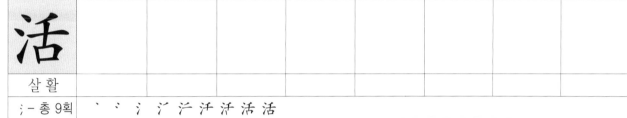

活 살 활
氵– 총 9획   丶 丶 氵 氵 氵 汗 汗 活 活

· 生活(생활)   · 상대·반의어 : 死(죽을 사)

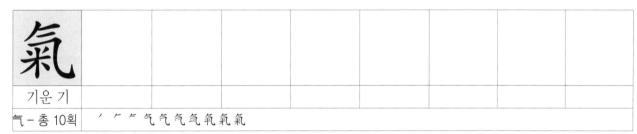

氣 기운 기
气 – 총 10획   丿 𠂉 𠂉 气 气 氕 氣 氣 氣 氣

· 活氣(활기)   · 동음이의어 : 旗(기 기), 記(기록할 기)

面 낯 면
面 – 총 9획   一 丆 丆 币 而 而 而 面 面

· 假面(가면)

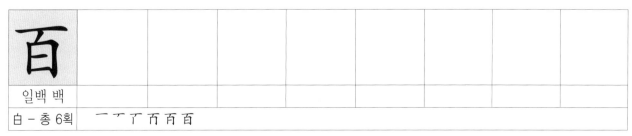

百 일백 백
白 – 총 6획   一 一 丆 丆 百 百

· 百戰百勝(백전백승)   · 동음이의어 : 白(흰 백)

필순에 따라 한자를 써 보세요.

空							
빌 공							
穴 - 총 8획	` ´ 宀 宀 宛 空 空 空						

· 空軍(공군)　　　　　　　· 동음이의어 : 工(장인 공), 公(공변될 공), 共(함께 공), 功(일/공 공)

間							
사이 간							
門 - 총 12획	丨 ｆ ｆ ｆ ｆ 門 門 門 門 問 間 間						

· 間食(간식)

足							
발 족							
足 - 총 7획	丶 冂 口 口 口 足 足						

· 不足(부족)　　　　　　　· 상대 · 반의어 : 手(손 수)

內							
안 내							
入 - 총 4획	丨 冂 内 内						

· 內衣(내의)　　　　　　　· 상대 · 반의어 : 外(바깥 외)

方							
모 방							
方 - 총 4획	丶 亠 方 方						

· 四方(사방)　　　　　　　· 동음이의어 : 放(놓을 방)

7과 한자 복습

필순에 따라 한자를 써 보세요.

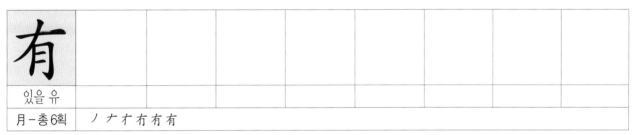

住 살 주
亻 — 총 7획　ノ イ イ´ 亻 亻 住 住
· 住民(주민)　　　· 동음이의어 : 主(주인 주)

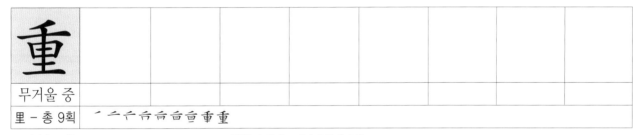

有 있을 유
月 — 총 6획　ノ ナ オ 有 有 有
· 有名(유명)

重 무거울 중
里 — 총 9획　ノ 一 宀 台 台 台 重 重 重
· 重力(중력)　　　· 동음이의어 : 中(가운데 중)

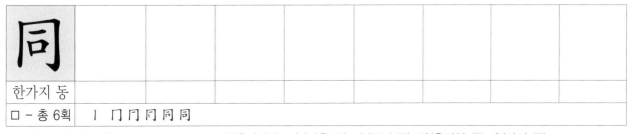

物 물건 물
牛 — 총 8획　ノ ゥ ≠ 午 牛 牜 物 物
· 動物(동물)

同 한가지 동
口 — 총 6획　丨 冂 冂 同 同 同
· 同名異人(동명이인)　　　· 동음이의어 : 冬(겨울 동), 東(동녘 동), 動(움직일 동), 童(아이 동)

167

필순에 따라 한자를 써 보세요.

春							
봄 춘							
日 – 총 9획	一 二 三 声 夫 表 春 春 春						

· 一場春夢(일장춘몽)　　　　　　· 상대 · 반의어 : 秋(가을 추)

夏							
여름 하							
夂 – 총 10획	一 一 下 丆 百 百 頁 頁 夏 夏						

· 春夏秋冬(춘하추동)　　　　　　· 상대 · 반의어 : 冬(겨울 동)

秋							
가을 추							
禾 – 총 9획	´ 二 千 禾 禾 禾 私 秋 秋						

· 秋夕(추석)　　　　　　· 상대 · 반의어 : 春(봄 춘)

冬							
겨울 동							
冫 – 총 5획	ノ 夂 夂 冬 冬						

· 冬眠(동면)　　　　　　· 동음이의어 : 同(한가지 동), 東(동녘 동), 洞(고을 동), 動(움직일 동), 童(아이 동)

花							
꽃 화							
艹 – 총 8획	一 十 艹 艹 艼 花 花 花						

· 花草(화초)　　　　　　· 동음이의어 : 火(불 화), 和(화합할 화), 畵(그림 화), 말씀 話(말씀 화)

필순에 따라 한자를 써 보세요.

然							
그럴 연							
灬 – 총 12획	ノ ク タ タ タ 夕 外 狱 狱 狱 然 然 然						

· 自然(자연)

電							
번개 전							
雨 – 총 13획	一 冖 冖 帀 币 雨 雨 雨 雨 雪 雪 雷 電						

· 電話(전화)   · 동음이의어 : 全(온전할 전), 前(앞 전), 戰(싸움 전)

色							
빛 색							
色 – 총 6획	ノ 勹 勹 刍 刍 色						

· 靑色(청색)

農							
농사 농							
辰 – 총 13획	丶 冖 冂 巾 曲 曲 曲 芦 芦 芦 農 農 農						

· 農村(농촌)

休							
쉴 휴							
亻 – 총 6획	ノ 亻 亻 什 休 休						

· 休日(휴일)

필순에 따라 한자를 써 보세요.

男					
사내 남					
田 – 총 7획	丶 冂 曰 田 田 罗 男				

· 男子(남자)　　　　　　　· 동음이의어 : 南(남녘 남)　　　　· 상대 · 반의어 : 女(여자 녀)

子					
아들 자					
子 – 총 3획	乛 了 子				

· 子女(자녀)　　　　　　　· 동음이의어 : 自(스스로 자), 字(글자 자), 者(놈 자)

力					
힘 력					
力 – 총 2획	乛 力				

· 重力(중력)

事					
일 사					
丨 – 총 8획	一 二 亓 亓 写 耳 事 事				

· 家事(가사)　　　　　　　· 동음이의어 : 四(넉 사), 死(죽을 사), 使(부릴 사), 社(모일 사)

自					
스스로 자					
自 – 총 6획	丿 亻 冂 白 自 自				

· 自信(자신)　　　　　　　· 동음이의어 : 子(아들 자), 字(글자 자), 者(놈 자)

필순에 따라 한자를 써 보세요.

祖								
할아버지/조상 조								
示 - 총 10획	一 二 〒 亓 示 示 衦 祁 祖 祖							

· 祖上(조상)　　　　　　· 동음이의어 : 朝(아침 조)　　　　· 상대 · 반의어 : 孫(손자 손)

孝								
효도 효								
子 - 총 7획	一 十 土 尹 孝 孝 孝							

· 孝道(효도)

安								
편안 안								
宀 - 총 6획	丶 丷 宀 宁 安 安							

· 便安(편안)

夫								
지아비 부								
大 - 총 4획	一 二 丰 夫							

· 夫婦(부부)　　　　　　· 동음이의어 : 部(거느릴 부), 父(아비 부)

家								
집 가								
宀 - 총 10획	丶 丷 宀 宁 宇 宇 宇 家 家 家							

· 家門(가문)　　　　　　· 동음이의어 : 歌(노래 가)　　　　· 유의어 : 室(집 실)

월   일 확인: -

필순에 따라 한자를 써 보세요.

主							
주인/임금 주							
﹅ – 총 5획	﹅ 二 亠 主 主						

· 主人(주인)　　　　　　　　　 · 동음이의어 : 住(살 주), 注(물댈 주), 晝(낮 주)

植							
심을 식							
木 – 총 12획	一 十 オ 木 术 杧 柿 柿 柿 植 植 植						

· 植木日(식목일)　　　　　　 · 동음이의어 : 式(법 식), 食(먹을 식)

育							
기를 육							
月(肉)–총8획	﹅ 亠 云 玄 产 育 育 育						

· 敎育(교육)

千							
일천 천							
十 – 총 3획	ノ 二 千						

· 千軍萬馬(천군만마)　　　　 · 동음이의어 : 川(내 천), 天(하늘 천)

午							
낮 오							
十 – 총 4획	ノ ト 二 午						

· 正午(정오)　　　　　　　　　 · 동음이의어 : 五(다섯 오)

필순에 따라 한자를 써 보세요.

夕 저녁 석								
夕 – 총 3획	ノ ク 夕							

· 夕刊(석간)　　　　　　　　· 동음이의어 : 石(돌 석), 席(자리 석)

數 셈 수								
攵 – 총 15획	丶 冂 冊 冊 冊 咢 咢 閂 婁 婁 婁 數 數 數 數							

· 數學(수학)　　　　　　　　· 동음이의어 : 水(물 수), 手(손 수), 樹(나무 수)

算 셈 산								
竹 – 총 14획	ノ ˊ ⺮ 竹 竺 筲 筲 筲 筲 筲 筲 算 算 算							

· 算數(산수)　　　　　　· 동음이의어 : 山(뫼 산)　　　　· 유의어 : 計(계산할 계)

問 물을 문								
口 – 총 11획	丨 冂 冂 冂 門 門 門 門 問 問 問							

· 問答(문답)　　　　· 동음이의어 : 文(글월 문), 門(문 문), 聞(들을 문)　　　　· 상대 · 반의어 : 答(대답 답)

答 대답 답								
竹 – 총 12획	ノ ˊ ⺮ 竹 竺 竺 竺 答 答 答 答 答							

· 對答(대답)　　　　　　· 상대 · 반의어 : 問(물을 문)

필순에 따라 한자를 써 보세요.

漢							
한수/한나라 한							
氵 – 총 14획　`丶丶氵氵汀汁汁泄泄潢潢漢漢`							

· 漢字(한자)　　　　　　　　· 동음이의어 : 韓(나라 한)

立							
설 립							
立 – 총 5획　`丶亠亠立立`							

· 建立(건립)

登							
오를 등							
癶 – 총 12획　`フ ヲ ヺ ヺ 癶 癶 癶 癶 登 登 登 登`							

· 登山(등산)　　　　　　　　· 동음이의어 : 等(무리 등)

邑							
고을 읍							
邑 – 총 7획　`丶口口吕吕吕邑`							

· 邑內(읍내)　　　　　　　　· 유의어 : 洞(고을 동)

上							
윗 상							
一 – 총 3획　`丨卜上`							

· 天上天下(천상천하)　　　　　· 상대·반의어 : 下(아래 하)

월   일 확인:

필순에 따라 한자를 써 보세요.

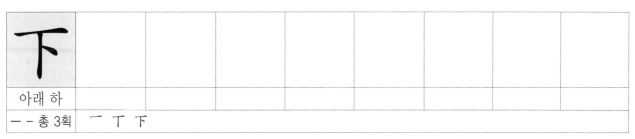

下
아래 하
一 - 총 3획　一 丁 下

· 地下(지하)　　　　　　　· 동음이의어 : 夏(여름 하)　　　　· 상대·반의어 : 上(윗 상)

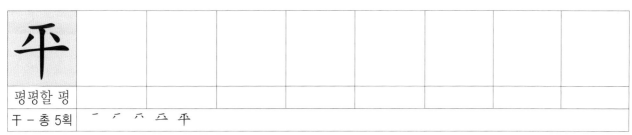

平
평평할 평
干 - 총 5획　一 ニ 二 平 平

· 平行(평행)

里
마을 리
里 - 총 7획　丨 口 日 日 旦 甲 里

· 里長(이장)　　　　· 동음이의어 : 利(이로울 리), 李(오얏 리), 理(다스릴 리)　　· 유의어 : 村(마을 촌)

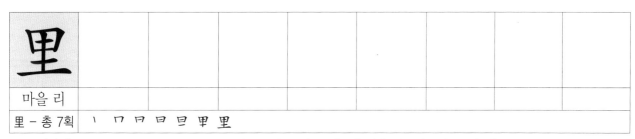

洞
골 동
氵 - 총 9획　丶 丶 氵 汀 汀 洞 洞 洞 洞

· 洞事務所(동사무소)　　　· 동음이의어 : 東(동녘 동), 冬(겨울 동), 同(한가지 동), 動(움직일 동), 童(아이 동)

旗
기 기
方 - 총 14획　丶 亠 方 方 方 方 方 旌 旌 旌 旌 旗 旗

· 國旗(국기)　　　　　· 동음이의어 : 氣(기운 기), 記(기록할 기)

175

필순에 따라 한자를 써 보세요.

姓						
성씨 성						
女 – 총 8획　ㄴ ㄴ ㄴ 女 女 如 姓 姓						

· 姓氏(성씨)　　　　　　　　· 동음이의어 : 成(이룰 성), 省(살필 성)

名						
이름 명						
口 – 총 6획　ノ ク タ タ 名 名						

· 姓名(성명)　　　　　　　　· 동음이의어 : 命(목숨 명), 明(밝을 명)

文						
글월 문						
文 – 총 4획　丶 一 ナ 文						

· 文身(문신)　　　　　　　· 유의어 : 章(글 장)

語						
말씀 어						
言 – 총 14획　丶 亠 亠 三 言 言 言 訂 詝 語 語 語 語						

· 國語(국어)　　　　　　　　· 유의어 : 言(말씀 언), 話(말씀 화)

歌						
노래 가						
欠 – 총 14획　一 一 一 一 可 可 可 哥 哥 哥 歌 歌 歌						

· 歌手(가수)　　　　　　　　· 동음이의어 : 家(집 가)

월   일 확인:

필순에 따라 한자를 써 보세요.

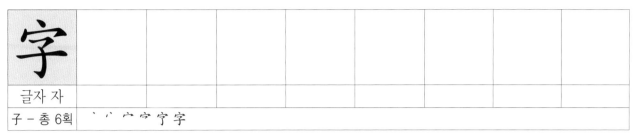

글자 자

子 – 총 6획   ` `´ ´宀 宀字 字

· 文字(문자)　　　　　　　　　　· 동음이의어 : 子(아들 자), 自(스스로 자), 者(놈 자)

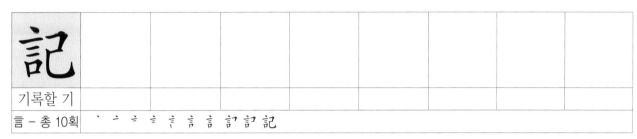

기록할 기

言 – 총 10획   ` ´ ˊ ˋ ˋ 言 言 記 記 記

· 日記(일기)　　　　　　　　　　· 동음이의어 : 旗(기 기). 氣(기운 기)

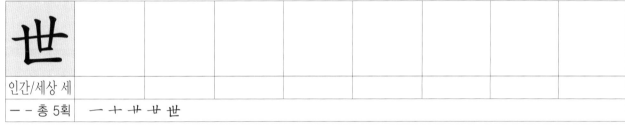

인간/세상 세

一 – 총 5획   一 十 卅 卅 世

· 世上(세상)

온전할 전

入 – 총 6획   ノ 入 仝 仝 全 全

· 安全(안전)　　　　　　　　　　· 동음이의어 : 前(앞 전), 戰(싸움 전), 電(번개 전)

來

올 래

人 – 총 8획   一 ´ 丆 丆 呸 來 來 來

· 來日(내일)

177

필순에 따라 한자를 써 보세요.

角								
뿔 각								
角 – 총 7획	角 角 角 角 角 角 角							

· 角度(각도)

各								
각각 각								
口 – 총 6획	各 各 各 各 各 各							

· 各色(각색)

界								
경계 계								
田 – 총 9획	界 界 界 界 界 界 界 界 界							

· 世界(세계)

計								
계산할 계								
言 – 총 9획	計 計 計 計 計 計 計 計 計							

· 計算(계산)

高								
높을 고								
高 – 총 10획	高 高 高 高 高 高 高 高 高 高							

· 高速(고속)   상대 · 반의어 : 低(낮을 저)

필순에 따라 한자를 써 보세요.

公						
공변될 공						
八 – 총 4획	公 八 公 公					

· 公正(공정)

功						
공/일 공						
力 – 총 5획	功 功 功 功 功					

· 成功(성공)

共						
함께 공						
八 – 총 6획	共 大 共 共 共 共					

· 共用(공용)

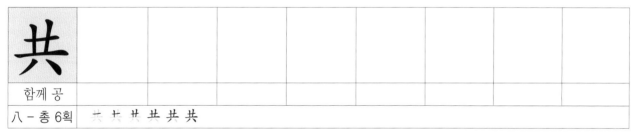

科						
과목 과						
禾 – 총 9획	科 斗 千 科 科 科 科 科 科					

· 科目(과목)

果						
과실 과						
木 – 총 8획	果 果 果 果 果 果 果 果					

· 果樹園(과수원)

179

필순에 따라 한자를 써 보세요.

光						
빛 광						
ㅅ – 총 6획	光光光光光光					

· 光線(광선)   상대 · 반의어 : 暗(어두울 암)

球						
공 구						
王/玉 – 총 11획	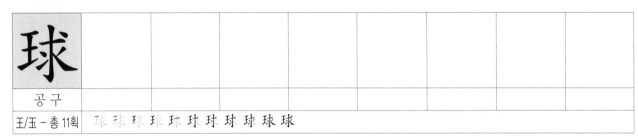					

· 電球(전구)

今						
이제 금						
人 – 총 4획	今今今今					

· 今年(금년)   상대 · 반의어 : 古(옛 고)

急						
급할 급						
心 – 총 9획	急急急急急急急急急					

· 危急(위급)

短						
짧을 단						
矢 – 총 12획	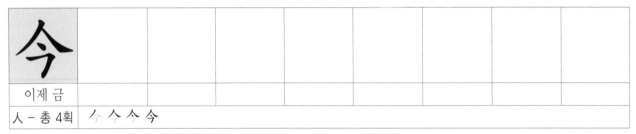					

· 長短(장단)

필순에 따라 한자를 써 보세요.

堂						
집 당						
土 – 총 11획						

· 食堂(식당)

代						
대신할 대						
亻 – 총 5획						

· 代表(대표)

對						
대할 대						
寸 – 총 14획						

· 對答(대답)

圖						
그림 도						
囗 – 총 14획						

· 地圖(지도)

讀						
읽을 독						
言 – 총 22획						

· 讀書(독서)

필순에 따라 한자를 써 보세요.

童							
아이 동							
立 – 총 12획	童 童 童 童 童 童 音 音 音 童 童 童						

· 童話(동화)

等							
무리 등							
竹 – 총 12획	等 等 等 等 等 等 等 等 等 等 等 等						

· 等級(등급)

樂							
즐거울 락, 음악 악, 좋아할 요							
木 – 총 15획	樂 樂 樂 樂 樂 樂 樂 樂 樂 樂 樂 樂 樂 樂 樂						

· 音樂(음악)

理							
다스릴 리							
王/玉 – 총 11획	理 理 理 理 理 理 理 理 理 理 理						

· 理由(이유)

利							
이로울 리							
刂 – 총 7획	利 利 利 利 利 利 利						

· 便利(편리)

월   일 확인:

필순에 따라 한자를 써 보세요.

明								
밝을 명								
日 – 총 8획								

明 刖 明 日 明 明 明 明

· 明堂(명당)

聞								
들을 문								
耳 – 총 14획								

聞 門 門 門 門 門 門 門 門 門 門 門 聞 聞

· 新聞(신문)

反								
돌이킬 반								
又 – 총 4획								

反 反 反 反

· 反省(반성)

半								
반 반								
十 – 총 5획								

半 半 半 半 半

· 折半(절반)

班								
나눌 반								
王/玉 – 총 10획								

班 班 班 班 班 班 班 班 班 班

· 班長(반장)

필순에 따라 한자를 써 보세요.

發							
필 발							
癶 – 총 12획	發 發 發 發 發 發 發 發 發 發 發 發						

· 發射(발사)

放							
놓을 방							
攵 – 총 8획	放 放 放 放 放 放 放 放						

· 放心(방심)

部							
거느릴 부							
β/邑– 총 11획	部 部 部 部 部 部 部 部 部 部 部						

· 部署(부서)

分							
나눌 분							
刀 – 총 4획	分 分 分 分						

· 區分(구분)

社							
모일 사							
示 – 총 8획	社 社 社 社 社 社 社 社						

· 會社(회사)

필순에 따라 한자를 써 보세요.

書							
책 / 글 서							
日 – 총 10획							

· 書店(서점)

線							
선 선							
糸 – 총 15획							

· 曲線(곡선)

雪							
눈 설							
雨 – 총 11획							

· 雪花(설화)

成							
이룰 성							
戈 – 총 7획							

· 成功(성공)

省							
살필 성/ 덜 생							
目 – 총 9획							

· 省察(성찰)

185

필순에 따라 한자를 써 보세요.

消							
사라질 소							
氵/水 – 총 10획	消 消 消 消 消 消 消 消 消 消						

· 消火器(소화기)

術							
재주 술							
行 – 총 11획	術 術 術 術 術 術 術 術 術 術 術						

· 美術(미술), 魔術(마술)

始							
비로소 시							
女 – 총 8획	始 始 始 始 始 始 始 始						

· 原始人(원시인)

信							
믿을 신							
亻/人 – 총 9획	信 信 信 信 信 信 信 信 信						

· 信義(신의), 書信(서신)

身							
몸 신							
身 – 총 7획	身 身 身 身 身 身 身						

· 身長(신장), 身體(신체)

II 한자 확인

필순에 따라 한자를 써 보세요.

新								
새로울 신								
斤 – 총 13획	新 新 新 新 亲 亲 亲 亲 新 新 新 新 新							

· 新入(신입)

神								
신 신								
示 – 총 10획	神 神 神 神 神 神 神 神 神 神							

· 鬼神(귀신), 神童(신동)

弱								
약할 약								
弓 – 총 10획	弱 弱 弓 弓 弱 弱 弱 弱 弱 弱							

· 弱小國(약소국)   상대 · 반의어 : 强(강할 강)

藥								
약 약								
++ – 총 19획	藥 藥 藥 藥 藥 藥 藥 藥 藥 藥 藥 藥 藥 藥 藥 藥 藥 藥 藥							

· 藥局(약국), 藥草(약초)

業								
일 업								
木 – 총 13획	業 業 業 業 業 業 業 業 業 業 業 業 業							

· 事業(사업)

187

월   일 확인: _____

필순에 따라 한자를 써 보세요.

勇							
용감할 용							
力 – 총 9획	勇 勇 勇 勇 勇 勇 勇 勇 勇						

· 勇氣(용기)

用							
쓸 용							
用 – 총 5획	用 用 用 用 用						

· 所用(소용)

運							
움직일 운							
辶 – 총 13획	運 運 運 運 運 運 運 運 運 運 運 運 運						

· 運轉(운전) · 幸運(행운)

音							
소리 음							
音 – 총 9획	音 音 音 音 音 音 音 音 音						

· 高音(고음) · 讀音(독음)

飮							
마실 음							
食 – 총 13획	飮 飮 飮 飮 飮 飮 飮 飮 飮 飮 飮 飮 飮						

· 飮食(음식)

필순에 따라 한자를 써 보세요.

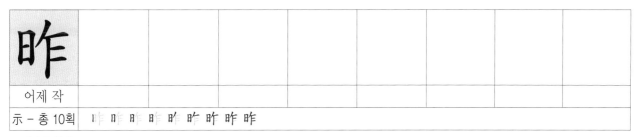

意
뜻 의
心 - 총 13획   意 意 意 意 意 立 音 音 音 意 意 意 意

· 意志(의지) · 合意(합의)

昨
어제 작
示 - 총 10획   昨 昨 日 日 昨 昨 昨 昨 昨

· 昨年(작년)

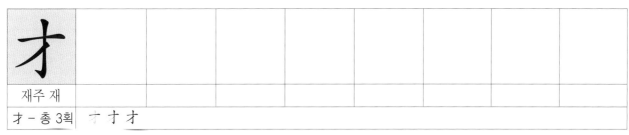

作
지을 작
人 - 총 7획   作 作 作 作 作 作 作

· 作家(작가)   동음이의어 : 昨(어제 작)

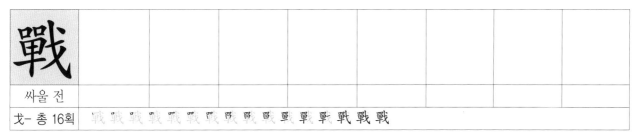

才
재주 재
才 - 총 3획   才 才 才

· 天才(천재)

戰
싸울 전
戈- 총 16획   戰 戰 戰 戰 戰 戰 戰 戰 戰 戰 戰 戰 戰 戰 戰

· 戰爭(전쟁)

월   일 확인:

필순에 따라 한자를 써 보세요.

庭						
뜰 정						

广 – 총 10획 庭庭庭庭庭庭庭庭庭庭

· 校庭(교정)　　　　　　　　동음이의어 : 正(바를 정), 定(정할 정)

第						
차례 제						

竹 – 총 11획 第第第第第第第第笫第第

· 第一(제일)

題						
제목 제						

頁 – 총 18획 題題題題題題題題題題題題題題題題

· 主題(주제)　　　　　　　　동음이의어 : 弟(아우 제), 第(차례 제)

注						
물댈 주						

水 – 총 8획 注注注注注注注注

· 注目(주목)　　　　　　　　동음이의어 : 主(주인 주), 住(살 주), 晝(낮 주)

集						
모을 집						

隹 – 총 12획 集集集集集集集集集集集集

· 集會(집회)

월   일   확인:

필순에 따라 한자를 써 보세요.

| 窓
창 창
穴 – 총 11획 | 窓窓窓窓窓窓窓窓窓窓窓 | | | | | | |

· 窓口(창구)

| 清
맑을 청
水 – 총 11획 | 清清清清清清清清清清清 | | | | | | |

· 清明(청명)

| 體
몸 체
骨 – 총 23획 | 體體體體體體體體體體體體體體體體體體體體體體體 | | | | | | |

· 體育(체육)

| 表
겉 표
衣 – 총 8획 | 表表表表表表表表 | | | | | | |

· 表示(표시) · 表面(표면)

| 風
바람 풍
風 – 총 9획 | 風風風風風風風風風 | | | | | | |

· 風車(풍차) · 風聞(풍문)

필순에 따라 한자를 써 보세요.

幸						
다행 행						
于 – 총 8획						

· 多幸(다행) · 不幸(불행)

現						
이제/나타날 현						
王/玉 – 총 11획						

· 現在(현재)

形						
드러날 형						
彡 – 총 7획						

· 形體(형체) · 形式(형식)　　　　　　　동음이의어 : 兄(형 형)

和						
화합할 화						
口 – 총 8획						

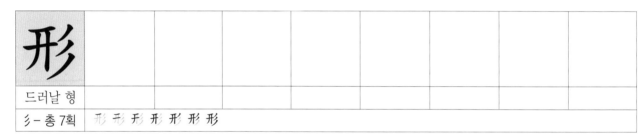

· 和睦(화목) · 和答(화답)　　　　　　　동음이의어 : 火(불 화), 花(꽃 화), 畵(그림 화)

會						
모일 회						
日 – 총 13획						

· 會話(회화)

6급 II

급수한자가 제공하는 한자능력검정시험 대비

모의 한자능력검정시험

▶ 모의 한자능력검정시험을 보기 전에 꼭 읽어 보세요!

1. 모의 한자능력검정시험은 **6급 II 쉽게 따는 급수한자**를 완전히 학습한 후에 실제 시험에 임하는 자세로 풀어 보세요. 특히 각 단원의 마무리 학습을 통해 6급 II과정의 한자를 충분히 학습하세요.

2. 실제 한자능력검정시험 6급 II의 출제 문항수는 80문항이며, 시험 시간은 50분입니다. 가능하면 실제 시험과 동일한 조건에서 문제를 풀 수 있도록 하세요.

3. 모의 한자능력검정시험의 답은 첨부된 실제 검정시험과 동일한 형식의 답안지에 검정색 필기도구로 표기하세요.

4. **6급 II 쉽게 따는 급수한자**가 제공하는 모의 한자능력검정시험의 문제 유형은 실제 검정시험과 동일하므로 하루에 1회씩 3번에 걸쳐 모의 시험 경험을 쌓는다면 실제 시험에 임할 때 많은 도움이 될 것입니다.

5. 채점은 가능하면 부모님께서 해 주시고, 틀린 부분을 철저히 분석하여 충분한 보충 학습 후 실제 시험에 응시할 수 있게 하세요.

6. 모의 한자능력검정시험의 채점 결과를 통해 평가할 수 있는 내용은 다음과 같습니다.

등급	6급 II정답수	평가	한자능력검정시험
A	71~80	아주 잘함	축하합니다. 꼭 합격하실 거예요.
B	66~70	잘함	열심히 공부하셨어요.
C	61~65	보통	본 교재를 한번 더 복습하세요.
D	60이하	부족함	많이 노력해야 해요.

※ 6급 II 합격 문항은 56문항입니다.

第1回 漢字能力檢定試驗 6級 II

① 다음 漢子의 讀音을 쓰세요. (1~30)

<보기> 天地 ⇨ 천지

1. 農事
2. 王家
3. 世間
4. 世代
5. 便利
6. 海草
7. 食堂
8. 孝子
9. 平等
10. 平安
11. 所聞
12. 科學

13. 數學
14. 問答
15. 光線
16. 共同
17. 午後
18. 每日
19. 道理
20. 計算
21. 邑內
22. 社長
23. 文明
24. 主人
25. 人氣
26. 反省
27. 三角

28. 自然

29. 登山

30. 長短

31. 部分

32. 發表

② 다음 漢字의 訓과 音을 쓰세요. (33~61)

<보기> 天 ⇨ 하늘 천

33. 代

34. 答

35. 功

36. 旗

37. 球

38. 洞

39. 角

40. 來

41. 食

42. 急

43. 聞

44. 春

45. 對

46. 室

47. 新

48. 校

49. 書

50. 公

51. 農

52. 敎

53. 各

54. 雪

55. 圖

56. 利

57. 班

58. 信

59. 分

60. 藥

61. 用

③ 다음 밑줄 친 단어에 알맞은 漢字語를

쓰세요. (62~71)

62. 이 번 휴일에는 가족과 함께 소풍을 갔다.

63. 우리 농산물을 애용하면 우리 농촌에 도움이 됩니다.

64. 오늘 할 일을 내일로 미루지 마라!

65. 학생들의 안전에 각별히 신경을 써야한다.

66. 우리 식구는 세명 뿐이다.

67. 다행히 생명에는 지장이 없다.

68. 할머니는 신경통으로 수족에 통증을 느낀다.

69. 실수를 하였지만 다행히 중대한 실수는 아니다.

70. 삼촌은 공군에 입대하였다.

71. 일기를 매일매일 써라.

④ 다음 한자어의 뜻을 쓰세요. (72~75)

72. 反對

73. 出發

⑤ 다음 漢字의 상대 또는 반의어를 골라 번호를 쓰세요. (74~75)

74. 戰 ⇨ ①幸 ②和 ③功 ④成

75. 短 ⇨ ①長 ②部 ③利 ④理

⑥ 다음 밑줄 친 글자에 해당하는 漢字를 〈보기〉에서 찾아 번호를 쓰세요. (76~77)

<보기> ①勇 ②發 ③對 ④堂

76. 무슨 일이든 (　　)氣를 가지고 도전하는 사람이 성공한다.

77. 너는 어떻게 내 말에 항상 反(　　)만 하니?

⑦ 다음 漢字의 필순을 알아보세요. (77~80)

78. 한자의 필순이 잘못된 것을 고르세요.

① 各 各 各 各 各 各

② 計 計 計 計 計 計 計 計

③ 科 科 科 科 科 科 科 科

④ 角 角 角 角 角 角 角

79. 代 (대신할 대)자에서 화살표가

있는 획은 몇 번째로 쓰나요?

80. 等 (무리 등)자에서 화살표가

있는 획은 몇 번째로 쓰나요?

第2回 漢字能力儉定試驗 6級 II

① 다음 漢子의 讀音을 쓰세요. (1~32)

<보기> 天地 ⇨ 천지

1. 車道

2. 電話

3. 手術

4. 社內

5. 成功

6. 答紙

7. 今年

8. 新入

9. 半半

10. 人道

11. 藥草

12. 分業

13. 術數

14. 中間

15. 書信

16. 身分

17. 始祖

18. 里長

19. 新聞

20. 老弱

21. 土地

22. 天下

23. 山神

24. 神童

25. 農藥

26. 氣力

27. 飮食

28. 地球

29. 食水

30. 外部

31. 休戰

32. 便紙

② 다음 漢字의 訓과 音을 쓰세요.(33~61)

<보기> 天 ⇨ 하늘 천

33. 分

34. 立

35. 信

36. 弱

37. 空

38. 線

39. 雪

40. 算

41. 省

42. 神

43. 始

44. 電

45. 反

46. 班

47. 道

48. 各

49. 明

50. 場

51. 題

52. 和

53. 高

54. 果

55. 代

56. 樂

57. 光

58. 放

59. 書

60. 術

61. 業

③ 다음 밑줄 친 단어에 알맞은 漢字語를

쓰세요. (62~71)

62. 그의 목소리는 언제나 <u>활기</u>차다.

63. 외부인은 <u>촌장</u>의 허락을 받아야 들어올 수 있다.

64. 나이를 잊은 그는 언제나 <u>청춘</u>이다.

65. 이번 운동회에는 <u>전교생</u>이 참가하였다.

66. 아침에는 <u>학부모</u>들이 교통지도를 한다.

67. 합격점수는 90점 <u>내외</u>가 될 것이다.

68. 공연장의 입구와 <u>출구</u>는 구별되어 있다.

69. 나는 일요일 아침마다 TV <u>동물</u>농장을 꼭 본다.

70. 내 고향 <u>산천</u>이 그리워진다.

71. 할아버지는 오늘 <u>읍내</u>에 나가셨다.

④ 다음 한자어의 뜻을 쓰세요. (72~73)

72. 書信

73. 名分

⑤ 다음 漢字의 상대 또는 반의어를 골라 번호를 쓰세요. (74~75)

74. 問 ⇨ ①門 ②信 ③答 ④成

75. 身 ⇨ ①弱 ②强 ③心 ④表

⑥ 다음 밑줄 친 글자에 해당하는 漢字를 〈보기〉에서 찾아 번호를 쓰세요. (76~77)

<보기> ①童 ②明 ③共 ④球

76. 地(   )에는 많은 동식물이 살고있다.

77. (   )話는 어른들이 읽어도 재미있다.

⑦ 다음 漢字의 필순을 알아보세요.

78. 漢字의 필순이 잘못된 것을 고르세요.

① 今 今 今 今

② 光 光 光 光 光 光

③ 科 科 科 科 科 科 科 科 科

④ 半 半 半 半 半

79. 身 (몸 신)자에서 화살표가 있는

획은 몇 번째로 쓰나요?

80. 雪 (눈 설)자에서 화살표가 있는

획은 몇 번째로 쓰나요?

第3回 漢字能力儉定試驗 6級 II

① 다음 漢子의 讀音을 쓰세요. (1~32)

<보기> 天地 ⇨ 천지

1. 自然

2. 子女

3. 作用

4. 窓口

5. 食口

6. 始作

7. 名分

8. 少年

9. 線分

10. 勇氣

11. 自動

12. 代身

13. 會長

14. 地上

15. 身體

16. 心身

17. 正午

18. 讀書

19. 運命

20. 寸數

21. 部分

22. 作戰

23. 體育

24. 先祖

25. 音樂

26. 計算

27. 風聞

28. 植木

29. 始作

30. 注意

31. 圖形

32. 藥草

② 다음 漢字의 訓과 音을 쓰세요. (33~61)

<보기> 天 ⇨ 하늘 천

33. 發

34. 放

35. 部

36. 消

37. 庭

38. 術

39. 身

40. 界

41. 運

42. 表

43. 用

44. 意

45. 窓

46. 堂

47. 讀

48. 形

49. 樂

50. 藥

51. 作

52. 會

53. 幸

54. 注

55. 社

56. 班

57. 理

58. 等

59. 急

60. 功

61. 雪

③ 다음 밑줄 친 단어에 알맞은 漢字語를

쓰세요. (62~71)

62. 최선의 방법은 정직이다.

63. 저 멀리 초가마을이 보인다.

64. 그 분은 이 마을에서 효자로 알려져있다.

65. 얼른 전화를 받아라!

66. 유명하다고 좋기만 한 것은 아니다.

67. 나는 국어 공부가 재미있다.

68. 식사하셨어요?

69. 추석에는 송편을 먹는다.

70. 길을 건널 때는 전후좌우를 잘 살펴 보아라.

71. 교육은 나라를 살리는 길이다.

④ 다음 한자어의 뜻을 쓰세요. (72~73)

72. 讀書

73. 校庭

⑤ 다음 漢字의 상대 또는 반의어를 골라 번호를 쓰세요. (74~75)

74. 春 ⇨ ①分 ②秋 ③冬 ④術

75. 前 ⇨ ①後 ②左 ③右 ④上

⑥ 다음 밑줄 친 글자에 해당하는 漢字를 〈보기〉에서 찾아 번호를 쓰세요. (76~77)

〈보기〉 ①讀 ②聞 ③昨 ④班

76. 그런 所(   )을 신경쓰지 마라!

77. (   )年 여름에는 비가 많이 왔다.

⑦ 다음 漢字의 필순을 알아보세요.

78. 한자의 필순이 잘못된 것을 고르세요
① 分 分 分 分
② 反 反 反 反
③ 社 社 社 社 社 社 社
④ 和 和 和 和 和 和 和 和

79. 勇 (용감할 용)자에서 화살표가 있는 획은 몇 번째로 쓰나요?

80. 風 (바람 풍)자에서 화살표가 있는 획은 몇 번째로 쓰나요?

수험번호 ☐☐☐-☐☐-☐☐☐☐   성명 ☐☐☐☐☐

주민등록번호 ☐☐☐☐☐☐-☐☐☐☐☐☐☐   ※유성 싸인펜, 붉은색 필기구 사용 불가.

※답안지는 컴퓨터로 처리되므로 구기거나 더럽히지 마시고, 정답 칸 안에만 쓰십시오.
　글씨가 채점란으로 들어오면 오답처리가 됩니다.

제 1회 한자능력검정시험 6급 II 답안지(1)

번호	정 답	1검	2검	번호	정 답	1검	2검	번호	정 답	1검	2검
1				13				25			
2				14				26			
3				15				27			
4				16				28			
5				17				29			
6				18				30			
7				19				31			
8				20				32			
9				21				33			
10				22				34			
11				23				35			
12				24				36			

감 독 위 원	채 점 위 원 (1)	채 점 위 원 (2)	채 점 위 원 (3)
(서명)	(득점) (서명)	(득점) (서명)	(득점) (서명)

제 1회 한자능력검정시험 6급Ⅱ 답안지(2)

번호	정 답	1검	2검	번호	정 답	1검	2검	번호	정 답	1검	2검
37				52				67			
38				53				68			
39				54				69			
40				55				70			
41				56				71			
42				57				72			
43				58				73			
44				59				74			
45				60				75			
46				61				76			
47				62				77			
48				63				78			
49				64				79			
50				65				80			
51				66							

| 수험번호 | □□□-□□-□□□□ | | 성명 | □□□□□ |

주민등록번호 □□□□□□-□□□□□□□ ※유성 싸인펜, 붉은색 필기구 사용 불가.

※답안지는 컴퓨터로 처리되므로 구기거나 더럽히지 마시고, 정답 칸 안에만 쓰십시오.
　글씨가 채점란으로 들어오면 오답처리가 됩니다.

제 2회 한자능력검정시험 6급 II 답안지(1)

번호	정 답	1검	2검	번호	정 답	1검	2검	번호	정 답	1검	2검
1				13				25			
2				14				26			
3				15				27			
4				16				28			
5				17				29			
6				18				30			
7				19				31			
8				20				32			
9				21				33			
10				22				34			
11				23				35			
12				24				36			

감 독 위 원	채 점 위 원 (1)		채 점 위 원 (2)		채 점 위 원 (3)	
(서명)	(득점)	(서명)	(득점)	(서명)	(득점)	(서명)

※본 답안지는 컴퓨터로 처리되므로 구기거나 더럽혀지지 않도록 조심하시고 글씨를 칸 안에 또박또박 쓰십시오.

제 2회 한자능력검정시험 6급Ⅱ 답안지(2)

답 안 지		채점란		답 안 지		채점란		답 안 지		채점란	
번호	정 답	1검	2검	번호	정 답	1검	2검	번호	정 답	1검	2검
37				52				67			
38				53				68			
39				54				69			
40				55				70			
41				56				71			
42				57				72			
43				58				73			
44				59				74			
45				60				75			
46				61				76			
47				62				77			
48				63				78			
49				64				79			
50				65				80			
51				66							

수험번호 □□□ - □□ - □□□□　　　성명 □□□□□

주민등록번호 □□□□□□ - □□□□□□□　※유성 싸인펜, 붉은색 필기구 사용 불가.

※답안지는 컴퓨터로 처리되므로 구기거나 더럽히지 마시고, 정답 칸 안에만 쓰십시오.
　글씨가 채점란으로 들어오면 오답처리가 됩니다.

제 3회 한자능력검정시험 6급 II 답안지(1)

번호	정답	1검	2검	번호	정답	1검	2검	번호	정답	1검	2검
1				13				25			
2				14				26			
3				15				27			
4				16				28			
5				17				29			
6				18				30			
7				19				31			
8				20				32			
9				21				33			
10				22				34			
11				23				35			
12				24				36			

감 독 위 원	채 점 위 원 (1)	채 점 위 원 (2)	채 점 위 원 (3)
(서명)	(득점) (서명)	(득점) (서명)	(득점) (서명)

※본 답안지는 컴퓨터로 처리되므로 구기거나 더럽혀지지 않도록 조심하시고 글씨를 칸 안에 또박또박 쓰십시오.

제 3회 한자능력검정시험 6급Ⅱ 답안지(2)

번호	정 답	1검	2검	번호	정 답	1검	2검	번호	정 답	1검	2검
37				52				67			
38				53				68			
39				54				69			
40				55				70			
41				56				71			
42				57				72			
43				58				73			
44				59				74			
45				60				75			
46				61				76			
47				62				77			
48				63				78			
49				64				79			
50				65				80			
51				66							

· 재미있는 확인 학습 (18p~19p)

1.각자 2.각 3.계 4.계산 5.고 6.공정 7.공 8.공동 9.과 10.과 11.③ 12.② 13.④ 14.① 15.② 16.② 17.③ 18.① 19.② 20.③

· 기출 및 예상 문제 (20P~23P)

1. 1)국어 2)읍내 3)천년 4)식사 5)추석 6)내외 7)출구 8)전후 9)동물 10)산천 11)직각 12)각계 13)세계 14)계산 15)고교 16)공평 17)유공 18)공동 19)과학 20)과목

2. 1)世界 2)時計 3)科學 4)公平 5)共同

3. 1)③ 2)⑤ 3)① 4)② 5)④ 6)⑨ 7)⑨ 8)⑧ 9)⑩ 10)⑦

4. 1)공평하고 올바름
   2)여러가지 빛깔, 종류
   3)지구위의 모든 지역, 온 세상
   4)열매를 얻기 위해 기르는 나무

5. 1)④ 2)⑤ 3)③ 4)② 5)① 6)⑨ 7)⑦ 8)⑩ 9)⑧ 10)⑥

6. 1)學 2)弟 3)先 4)後 5)動

7.
功

· 재미있는 확인 학습 (36p~37p)

1.지구 2.금년 3.급소 4.단문 5.식당 6.세대 7.대답 8.지도 9.대독 10.광명 11.① 12.① 13.② 14.④ 15.② 16.③ 17.③ 18.③ 19.① 20.④

· 기출 및 예상 문제 (38P~41P)

1. 1)가수 2)상하 3)오전 4)자동 5)화초 6)사방 7)매일 8)외출 9)수중 10)해군 11)전구 12)근년 13)급수 14)장단 15)식당 16)후대 17)대화 18)도면 19)대독 20)광명

2. 1)電球 2)食堂 3)短命 4)今年 5)世代

3. 1)⑨ 2)⑤ 3)② 4)④ 5)① 6)⑥ 7)③ 8)⑦ 9)⑧ 10)⑩

4. 1)올해 2)길고 짧음 3)빛의 줄기
   4)묻는 말에 자기의 뜻을 나타냄, 부름에 응함

5. 1)② 2)⑥ 3)③ 4)⑤ 5)① 6)④ 7)⑦ 8)⑨ 9)⑩ 10)⑧

6. 1)母 2)靑 3)食 4)春 5)家

7. 堂

· 재미있는 확인 학습 (54p~55p)

1.평등 2.국악 3.도리 4.이 5.명당 6.소문 7.동화 8.반대 9.반 10.반, 반반 11.③ 12.④ 13.④ 14.④ 15.③ 16.① 17.④ 18.④ 19.③ 20.③

· 기출 및 예상 문제 (56P~59P)

1. 1)한자 2)생명 3)석식 4)조상 5)자연 6)주소 7)간식 8)인생 9)정직 10)초가 11)등수 12)국악 13)천리 14)유리 15)명월 16)소문 17)동심 18)후반 19)반대 20)반장

2. 1)等數 2)不利 3)文明 4)後半 5)班長

3. 1)⑤ 2)④ 3)③ 4)② 5)⑥ 6)⑧ 7)⑨ 8)⑦ 9)⑩ 10)①

4. 1)서로 맞서는 속성 또는 남의 행동이나 의견에 맞섬
   2)어떤 일을 하는데 편하고 이용하기 쉬움
   3)풍수지리에서 말하는 좋은 '묏자리나 집터'
   4)'반(班)'이라는 이름을 붙인 집단의 통솔자 또는 책임자

5. 1)② 2)① 3)③ 4)④ 5)⑤ 6)⑥ 7)⑨ 8)⑧ 9)⑩ 10)⑦

6. 1)校 2)學 3)重 4)動 5)國

7.
反

· 재미있는 확인 학습 (72p~73p)

1.발 2.방 3.부분 4.분 5.사 6.독서 7.선 8.설 9.성공 10.반성 11.① 12.① 13.③ 14.② 15.④ 16.② 17.③ 18.② 19.④ 20.②

· 기출 및 예상 문제 (74P~77P)

1. 1)놓을 방 2)필 발 3)거느릴 부 4)나눌 분 5)모일 사 6)책, 글 서 7)살필 성 8)이룰 성 9)눈 설 10)선 선

2. 1)방화 2)발전 3)부장 4)기분 5)사내 6)독서 7)반성
8)성공 9)직선 10)선화

3. 1)① 2)⑤ 3)④ 4)⑧ 5)⑩ 6)⑨ 7)②

4. 1)① 2)② 3)⑦ 4)⑩ 5)⑧ 6)⑤ 7)⑥ 8)④ 9)③ 10)⑨

5. 1)發 2)放 3)分 4)雪 5)線 6)成 7)省

6. 1)뜻을 이룸, 부나 사회적 지위를 얻음 2)책을 읽음
3)잘못이나 부족함이 없는지 돌이켜 봄

7.

· 재미있는 확인 학습 (90p~91p)

1.소화 2.수술 3.시 4.신 5.신 6.신 7.신입생 8.약 9.
약 10.업 11.③ 12.① 13.① 14.③ 15.④ 16.② 17.③
18.④ 19.② 20.④

· 기출 및 예상 문제 (92P~95P)

1. 1)재주 술 2)몸 신 3)새로울 신 4)신 신 5)사라질 소
6)믿을 신 7)비로소 시 8)일 업 9)약할 약 10)약 약

2. 1)소화 2)신장 3)신입 4)신당 5)학술 6)자신 7)시동
8)휴업 9)한약 10)약소국

3. 1)② 2)⑥ 3)③ 4)⑤ 5)⑧ 6)⑨ 7)①

4. 1)② 2)⑤ 3)④ 4)③ 5)⑦ 6)⑥ 7)⑨ 8)⑩ 9)⑧ 10)①

5. 1)弱 2)身 3)術 4)信 5)業 6)消 7)新

6. 1)편지 2)사람의 키
3)어떤 모임이나 단체에 새로 들어옴

7. 信

· 재미있는 확인 학습 (108p~109p)

1.용기 2.소용 3.운동 4.음 5.음식 6.동의 7.작년 8.작
문 9.천재 10.출전 11.③ 12.① 13.③ 14.① 15.① 16.
① 17.① 18.④ 19.② 20.②

· 기출 및 예상 문제 (110P~113P)

1. 1)용감할 용 2)쓸 용 3)움직일 운 4)소리 음 5)마실 음
6)재주 재 7)지을 작 8)어제 작
9)뜻 의 10)싸울 전

2. 1)용기 2)신용 3)운동 4)음색 5)음식 6)작가 7)작년
8)동의 9)학술 10)전차

3. 1)③ 2)① 3)② 4)④ 5)③

4. 1)② 2)④ 3)⑤ 4)③ 5)① 6)⑨ 7)⑥ 8)⑩ 9)⑧ 10)⑦

5. 1)用 2)音 3)運 4)戰 5)才 6)昨 7)作

6. 1)씩씩한 기운 2)선천적으로 뛰어난 능력을 가진 사람
3)지난 해

7. 用

· 재미있는 확인 학습 (132p~135p)

1.가정 2.제 3.주제 4.주입 5.집 6.창 7.청명 8.신체
9.표지 10.소풍 11.행운 12.현대인 13.형체 14.평화
15.집회 16.① 17.③ 18.④ 19.② 20.④ 21.④ 22.①
23.② 24.② 25.① 26.③ 27.① 28.② 29.③ 30.④

· 기출 및 예상 문제 (136P~139P)

1. 1)물댈 주 2)차례 제 3)제목 제 4)모을 집 5)창 창
6)뜰 정 7)겉 표 8)바람 풍 9)맑을 청 10)몸 체
11)다행 행 12)이제, 나타날 현 13)드러날 형
14)화합할 화 15)모일 회

2. 1)주의 2)제일 3)출제 4)집계 5)창구 6)교정 7)대표
8)풍문 9)청풍 10)체력 11)불행 12)현대 13)지형
14)평화 15)국회

3. 1)① 2)⑥ 3)④ 4)② 5)⑤ 6)③ 7)⑦ 8)⑨ 9)⑩ 10)⑧

4. 1)窓 2)注 3)庭 4)第 5)集 6)淸 7)幸 8)風 9)和 10)現
11)形

5. 1)학교의 뜰이나 운동장
2)떠도는 소문
3)사물의 모양과 바탕. 물건의 외형

6. 1)④ 2)③ 3)① 4)② 5)⑤

7.
注

· 실전대비 총정리 (141P~145P)

1.효도 2.동생 3.출입 4.석식 5.전기 6.등산 7.대신 8.장단 9.유리 10.독서 11.신입 12.과학 13.지구 14.외부 15.운동 16.수술 17.표현 18.성공 19.작년 20.소풍 21.집회 22.회사 23.지형 24.계산 25.음식 26.작용 27.용기 28.국군 29.교정 30.체력

31.아이 동 32.다스릴 리 33.푸를 청 34.밝을 명 35.들을 문 36.높을 고 37.그림 도 38.기 기 39.대답 답 40.뿔 각 41.계산할 계 42.무리 등 43.즐거울 락 44.노래 가 45.심을 식 46.거느릴 부 47.꽃 화 48.한나라 한 49.몸 체 50.힘 력 51.봄 춘 52.과목 과 53.신 신 54.효도 효 55.바 소 56.공 구 57.일만 만 58.어미 모 59.약할 약 60.올 래 61.약 약 62.사라질 소 63.재주 술 64.대신할 대 65.반 반 66.나눌 반 67.짧을 단 68.읽을 독 69.대할 대 70.각각 각

71.安全 72.自動 73.農事 74.平生 75.女軍 76.問答 77.靑色 78.春夏秋冬 79.活氣 80.休紙

81.① 82.⑥ 83.⑤ 84.④ 85.⑧ 86.⑩ 87.② 88.⑦ 89.⑨ 90.③

91. 이야기를 주고받음
92. 세상에 떠도는 소식
93. 의견을 같이함
94. 땅의 생긴 모양

95.② 96.③ 97.④

98.
幸

99. 첫 번째

100. 아홉 번째

모의한자능력
검정시험 (제1회)

1 1. 농사
2. 왕가
3. 세간
4. 세대
5. 편리
6. 해초
7. 식당
8. 효자
9. 평등
10. 평안
11. 소문
12. 과학
13. 수학
14. 문답
15. 광선
16. 공동
17. 오후
18. 매일
19. 도리
20. 계산
21. 읍내
22. 사장
23. 문명
24. 주인
25. 인기
26. 반성
27. 삼각
28. 자연
29. 등산
30. 장단
31. 부분
32. 발표
2 33. 대신할 대
34. 대답 답
35. 공, 일 공
36. 기 기
37. 공 구

38. 골 동
39. 뿔 각
40. 올 래
41. 먹을 식
42. 급할 급
43. 들을 문
44. 봄 춘
45. 대할 대
46. 집 실
47. 새로울 신
48. 학교 교
49. 책, 글 서
50. 공변될 공
51. 농사 농
52. 가르칠 교
53. 각각 각
54. 눈 설
55. 그림 도
56. 이로울 리
57. 나눌 반
58. 믿을 신
59. 나눌 분
60. 약 약
61. 쓸 용
3 62. 休日
63. 農村
64. 來日
65. 安全
66. 食口
67. 生命
68. 手足
69. 重大
70. 空軍
71. 日記
4 72. 서로 맞서는
속성 또는 남
의 행동이나
의견에 맞섬
73. 일을 시작해 나감

또는 그 시작
5 74. 2
75. 1
6 76. 1
77. 3
7 78. 4
79. 네 번째
80. 아홉 번째

모의한자능력
검정시험 (제2회)

1 1. 차도
2. 전화
3. 수술
4. 사내
5. 성공
6. 답지
7. 금년
8. 신입
9. 반반
10. 인도
11. 약초
12. 분업
13. 술수
14. 중간
15. 서신
16. 신분
17. 시조
18. 이장
19. 신문
20. 노약
21. 토지
22. 천하
23. 산신
24. 신동
25. 농약
26. 기력
27. 음식
28. 지구

29. 식수
30. 외부
31. 휴전
32. 편지
2 33. 나눌 분
34. 설 립
35. 믿을 신
36. 약할 약
37. 빌 공
38. 선 선
39. 눈 설
40. 계산할 산
41. 살필 성
42. 신 신
43. 비로소 시
44. 번개 전
45. 돌이킬 반
46. 나눌 반
47. 길 도
48. 각각 각
49. 밝을 명
50. 마당 장
51. 제목 제
52. 화합할 화
53. 높을 고
54. 과실 과
55. 대신할 대
56. 즐거울 락
57. 빛 광
58. 놓을 방
59. 글 서
60. 재주 술
61. 일 업
3 62. 活氣
63. 村長
64. 靑春
65. 全校生
66. 學父母
67. 內外

68. 出口
69. 動物
70. 山川
71. 邑內
4 72. 안부, 소식 등
을 적어 다른
사람에게 보내
는 글
73. 이름에 맞게 지켜
야 할 도리
5 74. 3
75. 3
6 76. 4
77. 1
7 78. 4
79. 일곱 번째
80. 열 번째

모의한자능력
검정시험 (제3회)

1 1.자연
2. 자녀
3. 작용
4. 창구
5. 식구
6. 시작
7. 명분
8. 소년
9. 선분
10. 용기
11. 자동
12. 대신
13. 회장
14. 지상
15. 신체
16. 심신
17. 정오
18. 독서
19. 운명

20. 촌수
21. 부분
22. 작전
23. 체육
24. 선조
25. 음악
26. 계산
27. 풍문
28. 식목
29. 시작
30. 주의
31. 도형
32. 약초
2 33. 필 발
34. 놓을 방
35. 거느릴 부
36. 사라질 소
37. 뜰 정
38. 재주 술
39. 몸 신
40. 경계 계
41. 움직일 운
42. 겉 표
43. 쓸 용
44. 뜻 의
45. 창 창
46. 집 당
47. 읽을 독
48. 드러날 형
49. 즐거울 락
50. 약 약
51. 지을 작
52. 모일 회
53. 다행 행
54. 물댈 주
55. 모일 사
56. 나눌 반
57. 다스릴 리
58. 무리 등

59. 급할 급
60. 공, 일 공
61. 눈 설
3 62. 正直
63. 草家
64. 孝子
65. 電話
66. 有名
67. 國語
68. 食事
69. 秋夕
70. 前後左右
71. 敎育
4 72. 책을 읽음
73. 학교의 뜰이나 운동장
5 74. 2
75. 1
6 76. 2
77. 3
7 78. 2
79. 아홉 번째
80. 두 번째